LAS TRES CARAS DE GINEBRA Y MORGANA

Psicología femenina en el mundo del Rey Arturo

Maria Lourdes Alonso

ISBN-13: 978-1535446488

SALOME (María Lourdes Alonso)

¿POR QUÉ ELEGIR UNA APROXIMACIÓN TRANSACCIONAL?

Hace más años de los que quiero recordar , mientras trabajaba en mi análisis sobre las relaciones de solidaridad entre las heroínas de los romances medievales ingleses con vistas a convertirlo en una tesis doctoral que las restricciones temporales abortaron, comencé así mismo a interesarme en la psicología transaccional, más bien por cuanto de práctico podía tener para mi vida cotidiana. Fue entonces cuando me empecé a plantear por qué no aplicarlo a ese análisis literario en el que llevaba tanto tiempo inmersa, sobre todo teniendo en cuenta que si bien había precedentes de estudios sobre la psicología de los personajes de los cuentos de hadas (véanse las aproximaciones psicoanalíticas de Bruno Bettelheim y Marie Louise von Franz), desconocía que hubiese precedentes de análisis similares tomando como base la perspectiva de Berne[1] y su discípulo Harris[2] ,cuyo trabajo, frente a la orientación junguiana de los primeros, representaba una reacción al psicoanálisis freudiano, basado más en la comprensión de los procesos inconscientes del paciente más que en el análisis de sus transacciones con otros sujetos como base de la terapia. Ya metida en faena, decidí limitar mi trabajo al ámbito estrictamente artúrico, pero, al contrario que en mis investigaciones anteriores, no ciñéndome sólo al ámbito medieval sino extendiendo mi objeto de trabajo a las interpretaciones más significativas que que de los mitos artúricos se habían hecho a lo largo del siglo XX, estableciendo una comparación entre los patrones de transacción observados en los personajes femeninos centrales de las obras claves de la literatura artúrica inglesa (*The Stanzaic Morte Arthure, La Morte d'Arthur* de Thomas Malory, *Sir Gawain and the Green Knight* , *The Wife of Bath's Tale* de Geoffrey Chaucer y su secuela *The Wedding of Sir Gawain and Dame Ragnell)* y la posible evolución de los mismos en sus equivalentes contemporáneos. Este proceso me hizo descubrir sorprendentes coincidencias entre las heroínas medievales y sus descendientes del siglo XX, entre otras conclusiones.

Según Berne, la estructura de la personalidad humana básicamente presenta tres facetas:

a) *El Padre.* Este aspecto contiene todo el legado moral y cultural (reglas, conocimientos,ideas) heredado de las generaciones precedentes y que constituyen el

---

[1] BERNE, Eric (1964). *Games People Play* – The Basic Hand Book of Transactional Analysis. New York: Ballantine Books.

[2] HARRIS, Thomas A., *"I'm OK, You're Okay"* (Harper & Row 1967)

contexto social en que se desarrolla el individuo. En suma, las circunstancias en las que hemos sido criados. Son las llamadas figuras parentales

b) El *Niño*. Este aspecto se relaciona con todo cuanto es espontáneo en nosotros. Contiene emociones, intuiciones, creatividad, pensamiento mágico y fragilidad.

c) *El Adulto*. Se caracteriza por la capacidad de analizar y examinar críticamente la experiencia vital. Al contrario que los dos aspectos anteriores, nos lleva a un tipo de comportamiento que no es predecible ni automático.

Cada uno de estos aspectos contiene varios subtipos. La estructura correspondiente al Padre contiene diferentes patrones procedentes de parientes o personas cercanas (caso de las figuras parentales procedentes de padres, abuelos, vecinos...) Por otra parte, hay dos clases de Padre:

1) *Padre Crítico*, presente cuando criticamos a alguien o algo que consideramos incorrecto

2) *El Padre Nutricio*, que surge cuando intentamos ayudar a alguien.

El Niño, por su parte, presenta , tres subestructuras:

1) *Niño del Niño* (Niño Espontáneo o Niño Natural). Contiene cuanto hay de impulsivo o primario en nuestro comportamiento.

2) *Adulto del Niño* . Implica todo cuanto llamamos inteligencia natural. También incluye la intuición, pensamiento mágico, creatividad y, ante todo, astucia.

3) *Padre del Niño* (Niño Adaptado):

   a) *Niño Adaptado Rebelde*. Aparece cuando reaccionamos contra nuestras figuras parentales (Por ejemplo, al oponernos a los rejuicios impuestos por las generaciones precedentes)

   b) *Niño Adaptado Sumiso*. Mostramos este lado de nuestra personalidad cuando aceptamos obedientemente las figuras parentales.

El Adulto, por su parte, desarrolla esta estructura:

a) *Niño del Adulto* (Adulto *Pathos*). Revela franqueza y espontaneidad adulta.

b) *Adulto del Adulto* (Adulto *Technos*). Subraya la importancia del razonamiento y la lógica en nuestro comportamiento.

c)*Padre del Adulto* (Adulto *Ethos*). Es una actitud que consiste en aceptar los valores sobre los que previamente se ha reflexionado y que se han aceptado de forma consciente y voluntaria.

Muchas personas no poseen una personalidad equilibrada de acuerdo con los criterios expuestos arriba. Podemos encontrar personas cuyo "padre" no está desarrollado ya que su Padre Crítico asfixia al Nutricio. Es el caso de algunas personas cuya actitud tiende a la misantropía. Por otra parte, aquellos cuyo "Niño" es casi inexistente no son espontáneos, intuitivos o alegres en absoluto, ya que, al ser producto de una educación muy represiva, están incapacitados para mantener relaciones sociales normales. Las personas reducidas al Adulto y cuyo Niño y Padre son prácticamente inexistentes muestran una personalidad "robotizada" ya que viven exclusivamente para trabajar y no se preocupan por sus emociones. Por el contrario, aquellas personalidades que excluyen al Adulto son impredecibles y muestran alternativamente patrones parentales e infantiles. Las personas que sólo tienen desarrollado al Padre muestran numerosos prejuicios y habitualmente son dogmáticas y autoritarias. El caso opuesto es el de aquellos que sólo muestran al Niño, quienes normalmente muestran una personalidad caprichosa, victimista e irresponsable.

Los diferentes aspectos de la personalidad pueden exteriorizarse a través de los gestos, la voz y el atuendo. Según Berne y Harris, el padre Crítico sería reconocible por su expresión severa, rigidez, voz moralista y ropa tradicional y oscura, mientras que el Nutricio tendería a una expresión cariñosa y a hablar con tono cálido y tierno. El Adulto quizás tendría una mirada pensativa y aspecto relajado, tendiendo a vestir informalmente. Por otra parte, el Niño Adaptado Sumiso mostraría un aspecto inseguro, encorvado, tímido y humilde, mientras que el Adaptado Rebelde adoptaría una actitud desafiante, vestido de una forma muy diferente a la del Niño Sumiso, estrictamente dentro de las pautas impuestas por las figuras parentales. El Pequeño Profesor mostraría una expresión que podría ser de curiosidad o sorpresa, acompañada por un lenguaje manipulador y ropa especialmente atrayente. Y, finalmente, el niño Natural nos parecería espontáneo y de una sinceridad sin tapujos.

No deja de ser, por otra parte, evocadora la imagen de la triplicidad, presente en la simbología que en la Antigüedad tenía el sacro femenino, presente en la iconografía que representaba la naturaleza que germina y florece(vinculada a la figura de la Virgen), posteriormente fructifica fértil (la Mujer Sensual y la Diosa Madre) y finalmente se agosta y muere(la Anciana Decrépita y la Mensajera de la Muerte)

IMBOLC (Maria Lourdes Alonso)

MORGAINE:UNA SOMBRA A LO LARGO DEL MEDIEVO

En la literatura medieval inglesa , Morgaine sólo tiene una función en la sombra, la equivalente a una mano siniestra que conspira contra su hermano Arthur. Responde así plenamente al arquetipo de hechicera portadora del mal y la muerte, la faceta siniestra y subterránea de la Diosa mediterránea prehelénica y posteriormente adoptada por los celtas (*Hécate-Morrigu)* Ello se refleja en que figura como un personaje secundario y en el hecho de que a veces no interviene directamente sino que sólo es mencionada por otros personajes o por el narrador- caso de la vieja que aparece junto a   Lady Bercilak, en *Sir Gawain and the Green Knight*[3], ejerciendo el papel de contrafigura en la sombra que manipula a esa pareja ajena a lo humano que es el matrimonio Bercilak y que veremos con algo más de detenimiento cuando analicemos esta obra más adelante. Esa intervención relativamente reducida se aprecia en la *Morte d´Arthur* de Sir Thomas Malory[4], donde, por lo general, el papel de la mujer se mantiene en un plano secundario, ya que la perspectiva de la novela nos muestra un universo dominado por los miembros de la orden de la Mesa Redonda y sus peripecias. (Recordemos que, pese a la vastedad de la obra maloriana, el personaje femenino más significativo, Guinevere, comienza a tener voz propia pasado el 70% de la narración) Destacan las ocasiones siguientes:

- Cuando, en su intento de matar a Uriens, su esposo, Morgaine muestra una actitud propia del Adulto *Technos* por cuanto de capacidad manipuladora y de cálculo frío muestra[5] en su diálogo con su dama (*"Go fecche my lordes sworde for I sawe never bettir tyme to sle hym than now"…. ")* y que también vemos más adelante [6], mezclada con su "pequeña profesora", prometiendo a Tristán su libertad a cambo de entregar el escudo delator a Lancelot .

- El Adulto *Technos* también reaparece cuando intenta seducir a Lancelot en compañía de las otras Tres Reinas y está explicando su propósito de encantar

---

[3] Edición de J.R.R Tolkien &Gordon , reeditada por Norman Davies. OUP 1967. Ver también la de Brian Stone para Penguin Books (Harmondsworth, 1974)

[4]MALORY,*Works*. Edición de E. Vinaver (OUP: 1971)

[5] P.90

[6]P.340

al caballero [7]. Así mismo recurre a la Niña Astuta para coaccionarlo,[8] frente a lo cual el Padre del Adulto de Lancelot reacciona.

- Igualmente utiliza el arquetipo del Pequeño Profesor manipulador para chantajear con la salud de Alexander The Orphelin[9] a fin de reducirlo, propósito que conocemos por la doncella emparentada con Morgaine[10]

Llama poderosamente la atención el predominio apabullante de ese Adulto del Adulto, alternando con el Niño-Adulto, en el escaso discurso del personaje, sobre todo si lo comparamos con las escasas veces que se hace sentir en su "descendiente " de cinco siglos después, cuya voz no sólo acapara el protagonismo de toda una tetralogía sino que , además, se apropia de la función del narrador a lo largo de , aproximadamente, el 50% de la historia. En ese microcosmos que es el Camelot tardomedieval, un tejido social en el que los principales componentes eran alrededor de ciento cincuenta caballeros cuya existencia se basaba en "hacer carrera meritorial" llevando a buen fin el mayor número de aventuras posibles, en las escasas ocasiones en las que se hacen sentir las voces de las damas sólo el Adulto Technos se percibe en el discurso de Morgaine. Es fácil caer en la tentación de pensar que en ese contexto social se identificaría el concepto de "hechicera taimada" con el de "mujer con identidad propia". Pero también convendría recordar la observación que hace el propio César shakespeariano acerca del especulador Cassius

"He thinks too much. Such men are dangerous." (Acto I, escena II)

---

[7] p.151
[8] P. 152
[9] P.395.
[10] P.395.

MORGAINE (María Lourdes Alonso)

MORGAINE Y LA CONTEMPORANEIDAD. LA HEREDERA DE LA HEROÍNA EN LA PENUMBRA EN *THE ONCE AND FUTURE KING* (T. WHITE) Y *LOS HECHOS DEL REY ARTURO* (STEINBECK)

En estas dos obras, consideradas las más significativas del género artúrico del siglo XX junto a la Tetralogía de Marion .Zimmer Bradley, las intervenciones de Morgaine son tan escasas como en sus precedentes medievales. En la primera obra, Morgaine, en el encuentro con el abatido Lancelot tras el combate entre éste y Sir Carados, adopta una postura decidida y adulta, poniendo paz entre las hechiceras que se disputan a Lancelot. [11]A la mañana siguiente, cuando se presenta ante este caballero, adopta una actitud dominadora – da por concluida una etapa crucial en la vida de Lancelot, conminándole a escoger a la reina que le parezca más seductora –*"We have you in our power"*. En la obra de Steinbeck[12], al igual que en Malory y *Sir Gawain,* Morgaine actúa en la sombra, con escaso discurso. Se nos comunica lo que ejecuta mediante terceras personas, como el narrador, que nos pone en conocimiento de sus intenciones (matar a Arthur y seducir a Accolon para llevarlo a cabo) Son estos dos quienes non ponen en conocimiento de su idiosincrasia: Accolon, cuando tras intentar matar a Arthur, es mortalmente herido por éste, le hace saber cómo lo había instrumentalizado para hacerse con la corona[13]. Arthur declara que, aún conociendo su *"lujuria, envidia y apetito de poder"* la había amado más que a nadie de su familia[14] . El escaso discurso que vemos de ella se limita a sentencias breves y encaminadas a la acción. Prácticamente predomina el Adulto *Technos* combinado con el padre Crítico[15] al ordenar a sus doncellas que le traigan la espada y el *Technos* aparece también al prometer al primo de Accolon liberarlo para facilitarle la venganza. [16]Como buena especuladora, no duda en recurrir al juego psicológico al verse amenazada por su hijo Ewain, cuando éste la descubre a punto de atravesar con la espada a Uryens, su marido, adoptando una fachada de Niña Espontánea desprotegida, utilizando como excusa que algún espíritu maligno se había apoderado de ella en el sueño tras la cual

---

[11]WHITE, T.H. *The once and Future King,* Harper&Collins (1987).P.340
[12] *The Acts of King Arthur and his Noble Knights.* Farrar , Strauss &Giroux (1976). Traducción al español *(Los hechos del rey Arturo y sus nobles caballeros)* de Carlos Gardini para Salvat Editores (1994)
[13] *Op.cit.* P.88
[14] *Op.cit.* P.89
[15] "   " p.90
[16] *Op.cit.* P.92

se agazapa la Pequeña Profesora taimada[17], que se manifiesta claramente al manifestar a Manessen su mensaje para Arthur[18], cuyo contenido es letal. Es en el momento del reencuentro de Lancelot y las cuatro reinas hechiceras cuando la fuerza y astucias mentales de Morgaine salen realmente a la luz. El Lancelot enamorado – Niño Sumiso – se transforma en un Adulto teñido a veces de padre Crítico (manifestado cuando llama a las hechiceras "niños rencorosos") así como el Niño Adulto del caballero emerge al utilizar la astucia (cuando hace alusión a la efímera belleza de Morgaine, elaborada a través de sus artes mágicas, frente a la de Guinevere. permanente y real)

Morgaine y las otras reinas hechiceras se "juegan" a Lancelot, como ella misma anuncia[19] , dando lugar a una especie de contrafigura de la realidad, plasmada en las justas que tenían entre caballeros para conseguir el amor de una doncella o defender su honor. Cada una de las tentaciones a las que someten all caballero– en una línea similar a las experimentadas por Jesús de Nazareth en el desierto – culmina con el llamamiento al orden por parte de Morgaine, quien respalda al Adulto con su discurso claro y preciso acerca del propósito de las cuatro reinas, mediante el Niño Adulto implícito que intenta seducir a Lancelot. Es éste "tira y afloja" entre los Adultos más brillantes de Lancelot y Morgaine lo que nos hace comprender que tanto en la obra de Malory como en la de White, a pesar de los casi quinientos años que median entre las dos, Morgaine intenta desesperadamente anular a Guinevere, la cual es capar de succionar la personalidad de Lancelot hasta convertirlo en un "pelele", como vemos claramente a lo largo de toda la literatura artúrica. No en vano hay alusiones a la búsqueda de una madre en la reina de Arthur por parte del caballero más afamado de Camelot, lo cual vemos reflejado en la opinión de una de las cuatro hechiceras, la reina del Este ("*Sé que Ginebra se parece en ciertos aspectos a la reina Elaine…*")[20] y en los comentarios de White dentro de su *Once and Future King,* referidos a la búsqueda de Guinevere en Lancelot de ese hijo no tenido.

---

[17] " ". P.90
[18] " " P.92
[19] " " . P.170
[20] " " P.172

LA GRAN SACERDOTISA (NORMA) (María Lourdes Alonso)

LA CONQUISTA DE UNA IDENTIDAD. MORGAINE EN *"THE MISTS OF AVALON"*

Es en la obra de Marion Zimmer Bradley [21]donde Morgaine halla voz propia, hasta el punto de que la mayor novedad de esta obra es desvelarnos una visión del mito a través de los ojos de la propia hermana de Arthur, presentándonos, de este modo, a una Morgaine mucho más compleja que los moldes de inspiración medieval. Es indudable que el peso de las circunstancias histórico-sociales en las que es gestada es fundamental. El personaje de Marion Zimmer Bradley sale a la luz en 1983, cuando el feminismo ya ha ganado bastantes batallas a nivel mundial, hasta el punto de tener un campo propio de investigación humanística y las mujeres gozan de unos derechos indiscutibles. Además, la propia autora ha llevado a cabo un proceso de indagación en la tradición mistérica occidental y, muy especialmente, de la vinculación entre la magia y lo femenino Y, efectivamente, ello se materializa en un personaje con diferentes matices. Las muestras iniciales del discurso de Morgaine van apareciendo a partir de sus primeros años de joven sacerdotisa, en cuyos intercambios con Viviane, su tía, maestra y superiora, vemos surgir a la Adulta, inteligente e incluso irónica (un poco lo que correspondería hoy en día al molde de la mujer profesional e independiente) Pero en su primer diálogo con Lancelet, el hijo de Viviane, Morgaine comienza como una Madre Crítica en cuanto que defiende las tradiciones inculcadas en Avalon. Se siente sacerdotisa y guardiana frente a ese recién llegado del mundo exterior [22](pp. 171-8): *"I'm a priestess like your mother…"*

Su diálogo, no obstante, evoluciona a medida que va siendo consciente de sí misma (*"she had never known what it was to be happy"*[23]; *"she felt her whole body alive with his touch"* [24] . y surge la Niña Espontánea :

"I wish this day would last forever" [25]

"She had never known what it was to be happy"…. Un hecho clave para entender la evolución de Morgaine. Ella toma verdadera conciencia de lo que ha sido su vida en Avalon. Pese a integrarse en la comunidad de sacerdotisas desde el principio, dando ante ella misma –y también de cara a los lectores –la imagen de una joven segura, adulta e inteligente –frente a la inadaptada y medrosa Gwenhwyfar – el contacto con el

---

[21] *The Mists of Avalon.* Penguin Books (Harmondsworth, 1985)
[22] *Op.cit.* Pp. 171-8
[23] " " Pp. 177
[24] " " Pp. 175
[25] " " Pp. 179

primer amor adolescente la hace reaccionar en cierta medida y descubrir, aunque no sea realmente consciente de ello, que ciertos aspectos de su personalidad estaban reprimidos y necesitaban salir a la luz. Utilizando la terminología de Jean Shinoda Bolen[26], su arquetipo de Afrodita comienza a ser activado a través del de Atenea, el cual ha acaparado la mayor parte de su adolescencia y pubertad.

Es significativo que en medio de ese descubrimiento de su propia identidad tenga lugar su primer encuentro fortuito con Gwenhwyfar, cuando ésta se pierde y traspasa la imperceptible frontera entre el monasterio de Ynis Witrin y las tierras de Avalon, y la frustración causada por el descrédito llevado a cabo por la Madre Crítica de la princesita llamando "pequeña y fea" a Morgaine [27] y así mismo por el reproche de Lancelet ante su reacción de su prima al proyectar una imagen perturbadora y siniestra, evocando el rostro terrible de la Diosa, que aterroriza a sus interlocutores, a lo cual Morgaine responde como arrogante Niña Rebelde (*"Cousin, I am what I am"*)[28]

Más adelante, tiene lugar la decisiva ceremonia del *"king-making"*, que no sólo implica la iniciación de Arthur-Gwydion como rey sino también la suya propia, como cierre de su etapa como representante de la Diosa-Virgen para transformarse en consorte del rey-representante del dios ciervo. Lo cual tiene consecuencias de envergadura para Morgaine-mujer: no sólo la maternidad en sí, sino, sobre todo, reencontrarse con esa niña Espontánea que es activada por el erotismo, terriblemente vulnerable.... Como se demuestra cuando a la mañana siguiente de la ceremonia de iniciación Morgaine descubre la verdadera identidad de quien fuera su pareja la noche anterior (su propio hermano) y, consiguientemente, su inicial sumisión ante Viviane y la Diosa se va transformando gradualmente:

> Inicialmente, tras su regreso a Avalon e intentar ver a Viviane , adopta una actitud en cierto modo de Niña Rebelde cuando se niega a actuar como una sacerdotisa obediente que espera el permiso de su superior haciendo alusión a su calidad de pariente [29](*"Nonsense! I'm her Kinswoman"*)

En su intercambio verbal con Viviane se alternan la Madre de ésta y la Niña de Morgaine:

---

[26] SHINODA BOLEN,Jean. *Goddesses in Everywoman: A New Psychology of Women* . Harpers & Collins (1984)
[27] *Op.cit.* P. 182
[28] "   " . P. 184
[29] "   ". P. 210-11

- La Madre Crítica de Viviane – enmascarada de Madre de la Adulta –hace alusión a la inevitabilidad de los hechos ya que obedecen a designios divinos ("*What shall be must be .It's not mine to order*")[30]

    - La Niña Rebelde de Morgaine se revuelve ante tal contradicción:

        "*Are you truly acknowledging that there is anything on the face of this earth which you feel is not ours to order, Lady?I thought you believed your will was the will of the Goddess...*"

    - La Madre Crítica de Viviane le reprende por hablar así. ("*you must not talk to me this way, my child*"

    - Las Niñas Sumisa y Rebelde de Morgaine se funden cuando ella replica on una protesta dolorida ("*Viviane, why?*") - La Madre Crítica de Viviane apela al alto rango de Morgaine , encubriendo a su propia Madre Nutricia ("Lo hago por tu bien") que, a su vez, es respondida por la niña Espontánea de Morgaine.("*I believed it was the will of the Goddess*)

- La cuestión es zanjada por la Madre Crítica de Viviane.

En posteriores conversaciones con Viviane, Morgaine recurre mentalmente a la niña Rebelde encubierta:

a) Cuando Viviane le anuncia:

"*.... a sword must be lifted in defense of Avalon and Britain*" [31] .

Y Morgaine piensa : "*.... Why say this to me? I´m priestess...*"

b) Cuando Viviane le alaba su trabajo con la vaina de Excalibur, jugando aquí el papel de Madre Nutricia, Morgaine piensa :

"*How is it that she thinks she can judge me....?* [32]

Tras perderse en su búsqueda de hierbas abortivas, su conversación con la "*fairy-lady*" se desarrolla como un enfrentamiento entre la Madre Crítica que censura su intención de deshacerse de su hijo y la Niña Rebelde que se niega [33] por triplicado, e incluso llegan a enfrentarse una cuarta vez ("*I had forgotten that where the fairy blood is dilute, the Sight comes down to you maimed and incomplete... Think trice, Morgaine, befote you refuse what the Goddess sent you from the King Stag*" " *I don´t want it*") hasta que la Dama cambia de registro, convirtiéndose en Adulta al mostrarle

---

[30] "   " . P. 220
[31] *Op. Cit.* P. 227
[32] "   ". P.229
[33] "   ". Pp.259-60

el camino de salida[34] y finaliza con dos advertencias[35] propias de una Madre Nutricia al intentar proteger al pequeño que lleva Morgaine dentro de sí del mundo sobrenatural.

En su último encuentro con Viviane, el enfrentamiento entre la Madre Crítica de ésta y la Niña Rebelde de Morgaine lleva al abandono de Avalon por parte de la sobrina de la Gran Sacerdotisa, la cual se encamina a las islas Orkney, en busca de refugio en el reino de su tía Morgawse para allí dar a luz, en un laborioso y crítico parto donde se alternan la Niña Rebelde y la Espontánea de Morgaine, enh la pugna entre sus miedos y fragilidad ante los peligros del parto [36,] .

Posteriormente, Morgaine ejerce su faceta de Madre Crítica a la hora de censurar en público el Cristianismo por primera vez, cuando se enfrenta enfurecida al obispo Patricius por considerar la música algo impropio de una mujer virtuosa [37] . En el diálogo que mantiene con el druida Kevin [38] tiene lugar una comunicación ente adultos, aunque a veces se deja ver la mordacidad de la Niña de la Adulta en concreto al referirse a la intolerancia brutal del obispo *"Yonder bishop would have you whipped"* y también la Madre Nutricia, preocupada por el futuro de su hermano Arthur y Guinevere [39]

El diálogo que sostiene posteriormente con Lancelet [40], se inicia con el Adulto [41] al referirse a sus recuerdos de Avalon para posteriormente pasar a un intercambio de Niños Espontáncos que tiene lugar cuando los sentimientos frustrados del pasado reafloran [42] mientras evocan el día en que subieron a los alto del monte Tor y Morgaine comenzó a tener conciencia de sus sentimientos hacia su primo, un recuerdo que hace brotar sus lágrimas. Del mismo modo que, tiempo después, tras el accidente de Lancelet Morgaine actúa como Madre Nutricia tanto con él mismo ordenándole a Arthur que no le moleste[43] como con su hermano, confortándole y orientándole en su noche de bodas, casi ordenándole que se vaya con Guinevere [44]

---

[34] "   ". P. 259
[35] "   ". Pp. 261
[36] "   ". Pp.272 y siguientes
[37] P.333
[38] 334-336
[39] 336
[40] 336
[41] 338
[42] 339
[43] 348.
[44] 348

Dos años más tarde hay un segundo diálogo con Lancelet, donde hay un nuevo intento de seducción[45]. Lancelet se halla en una encrucijada de creencias, ya que las antiguas aún se hallan arraigadas en ellos cuando cree que *"perhaps the moon has gotten into my blood"* [46]. Esta nostalgia de Avalon se refleja en la Niña Espontánea de Morgaine. , *"there are heavy thoughts..."*"*I do not know why I am homesick"* [47]. La herencia de Avalon se confunde con la romana, manifestada en Lancelet como guerrero, influido por el Cristianismo(*"Although it´s unworthy of a soldier...."*) [48]. El Niño Espontáneo de Lancelet se manifiesta cuando expresa su ansia por creer en el Cristianismo como religión consoladora y su deseo de confortar su soledad con Morgaine, a lo cual responde la Madre Nutricia de Morgaine. *"As long as you wish... I will not depart...."* [49]. Pero el Padre Crítico de Lancelet (que critica su deseo por Morgaine (*"That was a day of wretchedeness... "*,[50] *"At least, I have not that...."* *"I will not depart...."* [51] trae a la superficie a la Niña Espontánea de Morgaine (*"I beg you, Lancelot"*[52] que, incomprendida por el mencionado Padre Crítico de Lancelet, se transforma (*"possessed by the full rage of the Goddess"*) en una fusión de irascible Niña Rebelde y Madre Crítica , similar a la postura de Gwenhwyfar esa misma noche (¿Quizás se podría hablar de una probable sintonía?) .

"You are a contemptible fool, Lancelet" [53]

Tras dejar la corte de Arthur en Caerleon y regresar a Avalon, el desengaño con Lancelet le abre los ojos, adoptando de nuevo la postura de Niña Sumisa Arrepentida(*"All that has befallen me has come because I forswore the vows I had given the Goddess..."*)[54] y de Madre Crítica reconsiderando las enseñanzas recibidas como si fueran dogmas de fe[55]. De alguna forma, su actitud se está acercando a la de Gwenhwyfar, sobre todo en lo referente al anhelo de protección que se refleja en su experiencia en el reino de las hadas y, en concreto, en la relación de Morgaine con la

---

[45] 369 y siguientes.

[46] 389

[47] 370

[48] 369

[49] 371

[50] 372.

[51] 371

[52] 376

[53] *376*

[54] 459

[55] 459-60

Reina de ese lugar ("*She felt like a sick child, hurrying to lay her head on her mother's lap* ") [56]Durante su estancia en el mundo feérico, Morgaine no necesita expresarse, sumida como se encuentra en una especie de sueño intemporal. A su regreso a Camelot, cuando se encuentra con Kevin por el camino, le muestra la cara de su Madre Nutricia, iniciando con él una relación amorosa pese a sus deformaciones físicas, ("*Of what is misshapen about you...*")[57] lo que supone un verdadero alimento emocional para el druida. Vemos que en la conversación que mantiene con Kevin cuando acaban de regresar a Camelot Morgaine comienza a expresarse como Adulta-Adulta [58] ya que él es el único hombre con el que puede hablar de asuntos de Estado "*as neither Arthur nor Lancelet would do, Kevin spoke with her of affairs of State*" [59]. Un detalle crucial, como tantos otros, pese a no ser significativamente extenso. Nos hace ver que en las escasas relaciones que mantiene con los hombres de igual a igual —es decir, pudiendo hablar con un varón de asuntos públicos – ella, con carácter excepcional, es capaz de adoptar la función de la Adulta Technos – lo cual, por cierto, sí vemos con más frecuencia en sus antecesoras medievales, lo que no deja de ser curioso.

El terrorífico asesinato de Viviane ante los propios ojos de su sobrina tiene unas consecuencias de gran envergadura en la personalidad de Morgaine. Podríamos creer que se produce una especie de transmigración anímica en cuanto que ella se enfrenta al mismo Kevin defendiendo la misma postura, áspera e intransigente, frente al Cristianismo que a lo largo de su vida había enarbolado Viviane, llegándose a una confrontación entre su Madre Crítica y el Padre del Adulto de Kevin[60] cuando ella se opone al enterramiento de su tía en tierra cristiana. Ello supone un brutal viraje en sus relaciones que, como veremos, llegarán a ser trágicamente beligerantes.

Tras el episodio del secuestro de Gwenhwyfar por su hermanastro Meleagrant, quien llega a violarla y la posterior liberación de la Reina por Lancelet, Morgaine sufre una pesadilla en presencia de Elaine, hija del rey de Pelles, con quien compartía dormitorio, e inconscientemente muestra un destello de Niña Espontánea, cuando muestra en sueños su inquietud ante aquella visión profética de la traición del arpista

---

[56].460
[57]*480*
[58]502-3
[59]501
[60]579-82

Kevin [61] (*"Kevin, she muttered... and a crucifix"*) para después regresar de inmediato a la Adulta Lógica cuando recomienda a Elaine que no se precipite en ir a ver a Gwenhwyfar a fin de no dar un escándalo (*"Not too much haste..."*) y a la Madre de la Adulta , cuando evalúa la actitud de la infantil Elaine, calificándola de mojigata (*"Don´t be a fool... what a ninny you are!!"*[62]) ya que se ciñe a los esquemas mentales inculcados desde fuera, escandalizada por la posibilidad de que existiera una violación por parte de Meleagrant [63]y que de que Gwenhwyfar pudiese fugarse con su *paramour* Lancelet cuando su marido *"is the most honourable and kindly king ..."*[64]posteriormente, presionada por Elaine, accederá a facilitarle el acceso a Lancelet, previo aviso de lo que puede ocurrirle. Más tarde actúa como Madre Nutricia de Lancelet , aconsejándole que deje la corte por seguridad, teniendo que hacer frente al Niño Espontáneo del caballero, indefenso ante la imposibilidad de separarse de ella (*"And what of her.?* [65]) Hasta ahora. Morgaine sólo aparece indefensa cuando se nos muestra como Niña Espontánea en sus sueños, culpable por haber abandonado Avalon (Niña Sumisa)[66] Encubriendo su culpabilidad por involucrarse en mezclar a Elaine y Lancelet (Padre y madre) actúa como Adulta Lógica advirtiendo a Elaine sobre el encantamiento que va a llevar a cabo para ayudarla a seducir a Lancelet, una situación muy similar a la que le planteará la Reina cuando le exige un amuleto para estimular la fertilidad. [67]. Morgaine sólo expresa sus debilidades en sus monólogos consigo misma (lamentando su equívoco matrimonio con Uriens, forzado por la cruel venganza soterrada de su cuñada [68] o tras el enfrentamiento con ésta al aceptar la verdad de su amargo secreto). La Niña Espontánea unida a una amarga Niña Sumisa surge nostálgica, sintiéndose *"grey and barren"* [69], gris, mediocre y yerma, limitada a vivir como corresponde a la esposa de un viejo rey que ha aceptado las directrices de la religión cristiana.

La Morgaine irónica – no lejos de la línea de la Niña de la Adulta – aparece en la cena familiar con Uriens, ya casada con éste, el día que Accolon vuelve, cuando se refiere a lo feliz que Gwenhwyfar se debe de sentir porque "Arthur sea capaz de convertir a

---

[61]600
[62]601
[63]601
[64]602
[65]613
[66]616
[67]617-8
[68]652-4
[69]658

los sajones" [70] cuando la Madre Adulta oculta a la Madre Crítica en su censura velada de la reina de Arthur. Esta fusión reaparece cuando informa a su hijastro Avaloch que es la hermana de Arthur, no su confesora, después de que el hijo de Uriens insinúe maliciosamente que el rey debe de haber cometido un gravísimo pecado, que sólo podría ser purgada por una larga e implacable penitencia que, según cuenta Accolon, está cumpliendo. La misma Madre Crítica persiste en su diálogo con Accolon cuando éste le reprocha el haber elegido a su padre como esposo en lugar de él mismo, tras haber flirteado con él abiertamente [71]. Más tarde, sus lamentos con respecto al pasado aparecen narrados en estilo indirecto [72] expresando su amargura al ver cómo Avalon es regido por los sacerdotes y cómo éstos manejan a Arthur. La Madre de la Adulta reaparece cuando defiende su independencia al rechazar el aceptar los propósitos de Arthur para hacer un reino cristiano.[73] Este reconocimiento lleva a que el Niño del Adulto "estalle" (*"For Uriens, any woman could be queen…. He shall have them while it suits my purpose"*) [74]Y expresa esta expectativa en voz alta ante Uriens mientras se lo imagina revolcándose en el lodo con la sacerdotisa el día de *Midsummer* en una evocación del Gran Matrimonio ritual. Su mente despierta al adulto mientras se lamenta de no haberse casado con Uriens mucho antes, bastantes años atrás, a fin de haber mantenido el Norte de Gales bajo el reino de la Diosa[75] y evitar que se hubiese convertido en un reino cristiano. La Madre Crítica reaparece en su censura de los sacerdotes por abominar de los ritos de fertilidad[76] y la Niña Espontánea surge de nuevo el día de Beltaine, haciéndose eco de su ansia de vivir (*"… she felt the old , strong hunger of the inner leap"*) La Madre Crítica revive (*"I am his father´s wife…"*)[77] cuando siente también rebrotar su vieja atracción hacia Accolon y, al mismo tiempo, es consciente de cuán abominable es su deseo de acuerdo con las nuevas leyes cristianas de ese lugar y, posteriormente, según sus propios principios (*"I 'm living out in my own life the tyranny of that law…."),* lo cual da paso a su Madre Adulta, considerando que ese tabú basado en el estrecho vínculo familiar sólo se basa en las convenciones impuestas por las leyes de los cristianos (*"….But they (Lancelet, Arthur, Accolon) are too closer to me only by the laws made by the Christians ….")* No puede

---

[70]663

[71]666
[72]668
[73]678
[74]668
[75]669
[76]672
[77]672

contener su inquietud, como Sacerdotisa, ante el hecho de que el culto a la Diosa haya sido marginado en su reino. (*So as I am a priestess , may I know why it must be overthrown?*") [78]lo cual comunica en voz alta a Accolon ("*Do you truly believe that the Goddess….*") refiriéndose a la venganza final de la Diosa por haberse olvidado sus ritos en el Norte de Gales. A su vez, Accolon le contesta en el estilo que habitualmente vemos en sus diálogos, un doble plano que enmascara sus sentimientos:

"*Then Must we make it sure, lady, that she should always be given her due, lest the life of the world fail*" [79]

(Aparentemente habla el Padre Crítico, con respecto a sus creencias, pero en el fondo expresa su deseo por Morgaine, lo cual equivaldría al Niño Espontáneo)

Morgaine le prohibe que siga hablando del tema ya que es una imprudencia. "*This is neither the time nor the place for much talk*" (Madre Crítica)

Más tarde, cuando se encuentra con ella a solas en su aposento hay un violento contraste entre su monólogo interior: primero como niña Espontánea, expresando su revitalización tras ser tocada por Accolon. ("*It is only that he has called on me in the name of the Goddess, priest to priestess?*") pasando a la Madre del Adulto, expresando sus derechos sobre su cuerpo como hija de Avalon, frente a las restricciones impuestas por la religión cristiana (*I am a priestess, my body is mine to be given…*)[80] y, por fin, la Adulta *Technos* –"*So be it*" , abre las puertas a Accolon y, tras consumar su unión, la bendice: " *It is done so, my dear, so be blessed*"[81].

En presencia de Lancelet, el día de Pentecostés Morgaine muestra sus sentimientos como Madre Crítica [82], cuando habla sobre la castidad entre los sacerdotes (" *That seems to me blasphemy and a denial of life* ") o bien cuando hace alusión al interés de su primo en encontrarse con Gwenhwyfar, ("*You would be eager to do that*") y como Madre del Adulto, censurando la anterior conducta de Lot, el difunto marido de su tía Margawse y defendiendo la postura de ésta. [83] Al encontrarse de nuevo con Kevin, el rostro de la Madre Crítica reaparece al recordarle que es un traidor[84], pero el contraataque del druida como Padre Crítico, advirtiéndole a su vez de la traición cometida por ella misma al desertar de Avalon en su día , la neutraliza, cambiando a

---

[78]679
[79]673
[80]677
[81]679
[82]705
[83]708
[84]711

un diálogo totalmente de Adulta. Más adelante exterioriza a la Niña del Adulto ante Arthur cuando le reprocha irónicamente el haber concertado su matrimonio con Uriens[85] Así pues, se siente culpable (Madre Crítica) de su infidelidad hacia Uriens. Más adelante, en el diálogo con que tiene con Elaine, ya esposa de Lancelet y con hijos, actúa como Adulta-Madre (recordándole que no tiene por qué desconfiar de Lancelet) y Adulta-Adulta, planteándole la necesidad de llevarse consigo a Nimue, la hija de Elaine y Lancelet, como le prometió en su día a cambio de casarse con Lancelet. Esa actitud de Adulta permanece en la conversación que tiene con la joven sacerdotisa Nimue de camino hacia Avalon [86] La Niña Espontánea, no obstante, permanece en su interior , emocionada por su regreso tras tantos años a su verdadero hogar, (*"Home, home I'm here, I'm coming home"*,[87]). Así mismo se manifiesta esa faceta de la Niña cuando Raven le da la bienvenida ritual y valora la sinceridad de sus sentimientos (....*Yet I have never known what it was to be received simply in love...*"[88]) Posteriormente, al despedirse de Niniane, adopta una postura propia de Madre Nutricia ("... *my poor little cousin, there is a fate on us both...*,)[89] pero después surge una mezcla de Adulta-Madre y Niña Rebelde ("*I will not kill Niniane . I have seen too much of war and bloodshed...* ") Cuando después se encuentra con Gwydion, su hijo, Morgaine inicialmente comienza como Adulta-Adulta, comentando la ausencia de parecido físico entre Arthur y Mordred (*"Gwydion, you are not like your father"*,[90]) y proseguir, en cierta manera, como Niña Sumisa, forzada por un complejo de culpabilidad por no haber sido una verdadera madre con Gwydion. Pero sí lo ha sido siempre para su hijastro Uwain, con el cual, cuando vuelve a palacio tras su experiencia guerrera, se comporta como una Madre Nutricia ("*You will always be handsome"*)[91] y lo utiliza como una excusa para enfrentarse a Accolon (*"Had I known you were coming, I would have had the best linens and blankets..."*...[92]) . A pesar de su determinación propia de Adulta, ("*I will come to you. I can have some excuse...* ")[93] en su interior late la Niña Espontánea-Sumisa movida por sus remordimientos ante su infidelidad(*"How often have I told myself..."*[94]). Más adelante, tras dejar a Accolon

[85]716
[86]728 en adelante
[87]p.734
[88]738
[89]740
[90]743
[91]759
[92]762
[93]763
[94]763

por la mañana, en su enfrentamiento con Avaloch[95] - que la descubre saliendo de la habitación de su hermano - alterna la Madre Crítica (censurando su acoso) con la Niña del Adulto, reflejada en la agudeza desplegada cuando le muestra su desprecio. Al decidir que Avaloch debe morir para defender el Mundo de Avalon, Morgaine hace aparecer a la Madre Crítica ante Accolon, algo insólito pero necesario para no implicarlo en el crimen.[96] Posteriormente, cuando está a punto de tejer la capa de Avalloch y de paso, precipitar su muerte mediante un hechizo basado en la faceta de la diosa Tejedora, adopta con Maline, la esposa de aquél, el tono de la Madre Nutricia [97] cuando le ofrece prepararle una tisana para regular su menstruación, un contraste que nos parece estremecedor.

El día del eclipse durante el cual Accolon supera la prueba del "Rey Astado", ese *Kingmaking* que, en realidad, es una iniciación sobrenatural para retar a Arthur y devolver Camelot al dominio de Avalon,[98] Morgaine comienza su diálogo con su amante basándose en la Madre Crítica defensora de los valores de ese mundo precristiano al que pertenece, hablando como su señora a cuyas órdenes está Accolon. Cuando en el siguiente Pentecostés, fiesta en la que Galahad va a ser armado caballero y Uriens junto con toda su familia va a Camelot, Morgaine actúa como una especie de Niña de la Adulta al revelar la verdadera historia del "affaire" tramado entre Lancelet y Elaine para justificar el nacimiento de Galahad [99]. Ese mismo día, en su diálogo con Morgawse, comienza respondiéndole como Niña del Adulto, de acuerdo con la línea habitual que ha mantenido con su tía a lo largo de todo el relato, pero pronto se transforma en Niña Espontánea frágil, expresando su inquietud ante su hijo Gwydion (*"He frightens me... "*[100]) o Rebelde (*"How strange that you should know my son so well"*) ya que vuelve a sentirse como la Niña que en su tiempo Morgawse cuidó.

La mezcla entre Niña-Rebelde y Madre Crítica aparece especialmente cuando defiende la supervivencia de Avalon frente al avance del Cristianismo, supresor de los ritos ancestrales (cuando reacciona ante el uso de Excalibur como cruz)[101] En la audiencia que tiene con Arthur para quejarse de esto, comienza como Madre Crítica y

---

[95] 765-6
[96] 769
[97] 771
[98] 777-81
[99] 788-9
[100] 804
[101] 819

Sacerdotisa de Avalon[102], para irse tiñendo de violencia, con visos de Niña Rebelde ante el Padre Crítico impuesto por el sistema (en ese aspecto se vincula a Gwenhwyfar y su fanatismo) Al contrario de Morgawse , no tiene astucia ni sentido de la diplomacia (Su propia tía se maravilla de que sus años como reina de Uriens no le hayan enseñado nada de lo que supone reinar, "*I can't imagine how you have dwelt in Urien's kingdom ... as his queen so long and not learnt more of kingcraft*"...)[103]. Al día siguiente, al sentir los síntomas inequívocos de embarazo, su discurso es primordialmente mudo e interiorizado, mostrando sus temores a través de una Niña en cierto modo Espontánea pero bastante teñida de Niña Sumisa por saberse frágil e incluso inconscientemente culpable por su adulterio. Su posterior entrevista con el Merlín nos la vuelve a revelar como una fanática Madre Crítica–Niña Rebelde ante el desarrollo de los acontecimientos (la necesidad de pactar con la Iglesia la paz, tal como se había hecho anteriormente con los sajones). Cuando Kevin, representando al Padre del Adulto, le hace ver con toda crudeza que quizás utiliza a la Diosa para justificar su ambición, Morgaine reacciona con una violencia comparable a la de la Niña Adaptada Rebelde de Guinevere en la obra de Malory, rebosando la misma agresiva incontinencia verbal de la Reina cuando acusa a Lancelot de lascivia, expulsando al druida [104]

La Niña parece mantenerse en torno a la personalidad de la antigua sacerdotisa, concretamente la medrosa Niña Adaptada Sumisa cuando regresan los temores de embarazo. Una Niña enmascarada de Adulta que razona las inconveniencias de proseguir con el embarazo pero que, en realidad, se siente abrumada por el peso de sus circunstancias, con un punto de remordimiento por todo lo que está tramando-complicidad en el asesinato de su hermano movida por una ambición fanática que no quiere confesar, infidelidad no ya a su marido sino también a Uwain, a quien considera su verdadero hijo y a su *status* y dignidad como reina del Norte de Gales. Esa misma Niña prevalece durante su aborto voluntario y ante el inesperado regreso del cadáver de Accolon [105] si bien se manifiesta casi en silencio, a través de su impotencia. La Adulta regresa cuando toma la decisión de regresar a Avalon, ya que no le queda otra salida tras haber traicionado a todo su entorno, perder al amor de su vida y haberse truncado sus planes de futuro. Son la Madre del Adulto y la Madre Nutricia quienes la

---

[102]823
[103]815.
[104] p.838.
[105] pp.852-8.

previenen de dar muerte a Arthur mientras yace herido en Glastonbury [106]. Su dignidad de sacerdotisa la mueve a disimular su débil estado (manifestado a través de la Niña Espontánea durante su estancia en Tintagel mientras guarda luto por todos sus seres amados y perdidos) ante Kevin, haciéndola volver a la Madre Crítica que habitualmente empleaba ante el bardo-Merlín de Bretaña. Sin embargo, dadas sus circunstancias, la Niña Rebelde no aflora- como era habitual en ella –y su entrevista con Kevin se resuelve un desahogo anímico propio de la Niña Espontánea, llorando de forma inesperada y compulsiva[107], aceptando su sugerencia de volver a Avalon. Una vez allí, Morgaine representa el papel de la Madre Nutricia ante su vieja compañera Raven, cuyo cariño estima como el más sincero de todos los que ha conocido [108], lo cual se manifiesta cuando la calma amorosamente tras un sueño premonitorio y también cuando ambas regresan posteriormente a Avalon para evitar que el Grial sea "profanado". Pero también ejerce de Madre Crítica con Nimue, la actitud que se espera de una Gran Sacerdotisa con una joven novicia, al ordenarle que lea el futuro en el pozo y advertirle que debe seducir a Kevin para vengar el expolio hecho con "*The Holy Regalia*" [109]. Tras el milagro que se produce el día de Pascua [110], cuando Morgaine, tras impetrar la fuerza de la Diosa, se transfigura y se lleva el Grial, la muerte inesperada de Raven entre la plebe que contempla aquella maravilla en Camelot, precipitada por el gran esfuerzo de dispendio energético realizado para apoyar la labor de Morgaine hace que el propio Arthur, sin reconocerlas, se presente ante ellas para intentar ayudarles. Ello hace rebrotar la Niña Espontánea de Morgaine, recordándole que no ha olvidado sus sentimientos por Arthur, los que se quedaron enquistados en ella tras aquella remota celebración del "*King Making*". Esa misma Niña Espontánea, que activa su memoria afectiva, es la que "ayuda" a la Madre de la Adulta a doblegar a la implacable Madre Crítica Autoritaria cuando ha de juzgar a Kevin por traición, dispuesta a castigarlo con crudeza horrible, despertando también a la Madre Nutricia, haciéndola considerar todo cuanto ella debe a Kevin (El haberla salvado del abismo infernal de la postración y devolverla al mundo de los vivos adoptando la misma función de Orfeo con Eurídice, todos los detalles de verdadero amor con ella en

---

[106] p.862.
[107] p.872.
[108] p. 876.
[109] p.880
[110] pp.889-91.

Camelot, su maravilloso talento como músico) Kevin , pues , morirá de forma rápida y relativamente piadosa. [111] .

Tras la inesperado y trágico suicidio de Nimue, incapaz de sobrevivir a Kevin y a su cómplice culpabilidad en el destino de éste, el inquietante episodio premonitorio del rayo que fulmina el roble en el que fue encerrado el cuerpo del Merlin y la progresiva decadencia de Avalon , Morgaine utiliza en sus soliloquios una hibridación, por decirlo así, entre la Adulta *Technos* –Adulta pura – y la Madre de la Adulta, reconsiderando su constante búsqueda de la Diosa en su vida pasada y tras llegar a la conclusión de que, en realidad, Ella se encontraba en todas las mujeres que habían pasado por su vida, tanto en su tía y maestra Viviane como en su madre Ygraine, la propia Gwenhwyfar, incluso su intrigante y, a su modo, entrañable tía Morgause.. y qué decir de la silente y amada Raven. Sin olvidar a las jóvenes sacerdotisas, Nimue y Ninianne, de vidas prematuramente truncadas por los hombres amados. La función de Morgaine como Señora del Lago y representante de la diosa nos hace especialmente complicado calificar su discurso. Así como antes había un ser humano que interactuaba con los otros protagonistas de la historia, Morgaine en su madurez más avanzada es ya un personaje de carácter fuertemente simbólico e institucional dentro de ese mundo en el que cada vez aparece más solitaria, completamente al margen del mundo más allá de las brumas al que perteneciera durante bastantes décadas. Sin embargo, en el momento en que su hermano expira, retorna al papel de Madre Nutricia con él, con el mismo rostro maternal que mostrase al pequeño Arthur, la primera imagen que éste tuvo de su hermana, recordando como, de pequeña, su propia madre la ponía al cuidado de su hermanito. Y justamente en el momento en que Morgaine pone fin a su crónica de toda una vida nos la encontramos actuando como Madre del Adulto cuando, de incógnito, visita el monasterio de Ynis Witrin que linda con Avalon y en el que se educara la pequeña Gwenhwyfar. En ese preciso lugar que al otro lado de la niebla se considerase un enclave de fanatismo intransigente y oscurantista, generador de infertilidad e ignorancia, sorprendentemente se encuentra con que Ella también está allí, pero con el rostro de la Madre de Jesús. Y también descubre que las monjas de esa congregación no son tan diferentes de sus sacerdotisas. En suma, reconoce que no ha fracasado en su misión de luchar por la supervivencia de la Diosa, por muy densas que las brumas de Avalon lleguen a ser....

---

[111] pp.921-4.

LOVERS (LANCELOT & GUINEVERE) (María Lourdes Alonso)

GUINEVERE: LA ADULTA FRUSTRADA

Lo realmente llamativo en Guinevere, al igual que en Morgaine, es la persistencia de los mismos rasgos psicológicos tanto en su caracterización medieval como en obras tan contemporáneas como *The Mists of Avalon* (1982). Sus papeles fundamentales son los de Madre Crítica y Niña Espontánea o Adaptada Rebelde, sin apenas campo para la Adulta. Sólo vemos variaciones en la Madre Nutricia que representa en algunos pasajes de la narrativa del siglo XX *(The Once and Future King* de White) o en la caracterización que de ella hace Chaucer .

Época medieval

Debemos tener en cuenta aquí a las "Guineveres" de Malory -finales del siglo xv- y *The Stanzaic Morte Arthure* -siglo XIV-en tanto que el primero se inspira claramente en la segunda. La diferencia fundamental estriba en que en TSMA [112]Guinevere sólo se limita a la madre Crítica, la cual alterna en Malory con la Niña Espontánea y la Niña Adaptada Rebelde.

Esto es patente en su enfrentamiento con Lancelot a cuenta de su supuesta traición con Elaine d'Astolat.   La Niña Espontánea sólo se atisba en su desazón cuando Lancelot y ella misma son descubiertos juntos. En TSMA, Guinevere se limita, deprimida, a censurar su conducta y evaluarla moralmente -Madre Crítica- rogándole discreción(*"I beseche the here/(...)/That thou nevir more diskere/ The love that hatho bene betwyxe us two...)* [113]. Malory, pese a enmascararla con el mismo modelo, la presenta como una Niña Espontánea y, al mismo tiempo, Rebelde, mediante los continuos insultos a Lancelot,(*"I well understond that thou arte a false, recrayed knyght and a common lechourere...)* exclamaciones y el autoritarismo presente en sus órdenes (*"And ryght here I dyscharge the thys courte,that thou never com within it, and I forfende the my felyship")* cuando expulsa a Lancelot [114]. En la misma obra, la esposa de Arthur vuelve a desempeñar este papel con Lancelot al reprocharle que no participe en el torneo de Winchester. [115]

"Sir, ye ar gretly to blame thus to holde you behynde my lorde . What woll your enemyes and mine sey and deme?...."

---

[112]SCHMIDT , A.V.C. & JACOBS,N. *Medieval English Romances.* Hodder & Stoughton: *1980)*
[113]p.143

[114] MALORY, *op.cit.* p.612

[115]*p.622*

Esta faceta de Madre Crítica se diferencia de la anterior porque defiende valores caballerescos como demostrar la habilidad con las armas y, por otra parte, se preocupa por su reputación. La despedida definitiva entre los amantes, tras la tragedia de Salisbury, nos muestra en ambas obras a la misma Guinevere. Pese a que, aparentemente, vemos a la Madre de la Adulta dando a entender la conveniencia moral y lógica de su separación, a fin de facilitar a Lancelot el rehacer su vida, dedicado al gobierno de su reino en Benwick y creando una dinastía, en el fondo subyace la Madre Crítica, abrumada por su culpabilidad supuestamente decisiva en la ruina de Camelot. En ambas despedidas observamos dos planos. Por una parte , recupera su esfera pública hablando a una comunidad (las monjas que la han acogido tras la debacle del reino mítico de Arthur).

a) TSMA:

"*Abbes, to you I knowlache here/That throw thys ylke man and me/For we togedyr han loved us dere/ All thys sorowfull werre hathe be/ My lord is slayne, that had no pere/And many a doughty knyght and free;/there-fore for sorowe I dyed nere/ As sone as I evyr hym gan see.* "

" *Whan I hym see, the sothe to say, /All my herte bygan to colde/ Tha evyr shuld abyde thys day/ To se so many barons bolde/Shuld for us be slayne away-/Oure wylle hathe be to sore sold: /But god, that all myghtis maye, Now hathe me sette where I wyll hold*"

"*I sette I am in suche a place/ My sowle hele I wyll abyde/Telle God send me som grace/ Throw mercy of hys woundys wyde/ That I may do so in thys place/ My synnys to amende thys ilke tyde,/After to have a syght of hys face/At domys day on hys ryght syde*"[116]

b) *LA MORTE D'ARTHUR*

"*Thorow thys same man and me hath all thys warre be wrought, and the deth of the moste noblest knyghtes of the worlde: for thorow oure love that we have loved togydir ys my moste noble lorde slayne* "[117]

Vemos aquí que Malory sintetiza el parlamento de Guinevere. La reina se limita a exponer la idea básica: el amor compartido con Lancelot como detonante de la guerra y la muerte violenta de su señor y los caballeros fieles a éste. Efectivamente, hay aquí un atisbo de Madre del Adulto e incluso un acercamiento a la Adulta Technos , mesurada, limitándose a constatar un hecho, matizado por una evaluación

---

[116]SCHMIDT & JACOBS, *op.cit. pp. 177-8*
[117] *MALORY, op.cit., p.720*

concerniente al orden social. La Guinevere originaria del TSMA se explaya algo más en este motivo literario, añadiendo un nuevo matiz, el de la íntima culpabilidad por ese trágico hecho de envergadura casi planetaria para el mundo artúrico. Guinevere se implica emocionalmente. Cierto, la Madre Crítica está presente al tener en cuenta la vulneración de una valor moral como la lealtad como factor devastador social. Pero la Niña -donde parecen fundirse la Espontánea y la Sumisa- se deja ver también, sobre todo cuando se refiere a la incontrolable emoción culpable que la presencia de Lancelot desencadena en su interior.

El segundo plano de este episodio abarca el diálogo directo de Guinevere con Lancelot. Y llama poderosamente la atención el hecho de que Malory calca literalmente esta secuencia de la fuente en la que basa su obra, como podemos observar:

a)TSMA

" *There-fore, Syr Launcelot du Lake /For my love now I the pray/ My company thow aye for-sake7 And to thy kyngdome thow take thy way/ And kepe thyn reme from werre and wrake/ And take a wyffe, with her to play/ and love wele than thy worldys make/ God yiff yow joye togedyr, I pray"*

"*..... But I beseche the in all thynge/ That nevyr in thy lyffe after thysse/ Ne come to me for no sokerynge/Nor send me sond, but dwelle in blysse/ I pray to god evyr-lastynge/ To graunte me grace to mend my mysse"*

b) *LE MORTE D'ARTHUR*

"*....and thefore, sir Launcelot, I requyre thee and beseche the hartily, for all the love that ever was betwyxt us, that that thou never se me no more in the vissyge. And I commaunde the, on Goddis behalf,that thou forsake my company. And to thy kingedom loke thou turne agayne, and kepe well they realme from warre and wrake, for as well as I have loved the heretofore, myne harte woll nat serve now to se the; for thorow the and me ys the floure of kyngis and knyghtes destroyed. And therefore go thou to thy realme, and there take ye a wyff, and lyf with hyr wyth joy and blys. And I pray the hartely to pray for me to the Everlastynge Lorde that I may amende my mysselyving"*[118]

Notemos que Malory, al contrario que ocurre cuando Guinevere se dirige a la comunidad de monjas, dedica más espacio al diálogo entre los dos ex amantes,

---

[118]*Ibidem, p. 720.*

posiblemente para reforzar la idea de que la esposa de Arthur se limita a actuar como reina ante el que fuera su amado. Usa intensivamente las órdenes y peticiones indirectas como reflejo de ella. Como en ocasiones anteriores, la Madre Autoritaria se impone, si bien en alguna ocasión surge la Madre Nutricia, cuando sugiere a su ex amante que tome esposa y que viva con ella dichosamente (*lyf with hyr wyth joy and blys*) . Así mismo, la Niña Sumisa y medrosa parece entreverse cuando suplica las oraciones del caballeros para que "*the Everlastynge Lorde that I may amende my mysselyving*"

La caracterización que tanto el autor de TSMA como Malory hacen de Guinevere, por consiguiente, nos muestra claramente la visión negativa que en el Medievo se tenía de la mujer, reflejada en la adulterina debilidad de la reina, la cual escasamente aparece como una Adulta. Todo esto responde a las convenciones femeninas del momento al reconocerse abyecta y culpable del desastre. Ello es obvio cuando Lancelot, sin embargo, actúa como Adulto al ser consciente de la compatibilidad de su amor con una conciencia tranquila. No se resigna a que la plenitud vivida con su amada sea reducida a "*mysselyving*" , pero, ante la férrea voluntad de su reina, decide ser coherente consigo mismo y compartir el mismo destino.

TSMA:

"*Now, sweet madame, that wolde I not do/To have all the world unto my meed;/So untrew find ye me never mo;/It for to do Crist me forbede!/Forbede it God that ever I sholde/Against you work so grete unright,/Sinne we togeder upon this molde/Have led our life by day and night!/Unto God I give a hest to hold:/ That same destainy that you is dight/I will receive in some house bold*"[119]

Le Morte d'Arthur

"*Now , my swete madame... wolde ye that I shuld turne agayne unto my contrey and there to wedde a lady? Nay, madame, wyte you well that shall I never do, for I shall never be so false unto you of that I have promysed. But the selff desteny that ye have takyn you to, I woll take me to, for the pleasure of Jesu...*"[120]

No es la primera vez que el héroe adopta esta actitud adulta en su relación con Guinevere. Ello es patente en los enfrentamientos anteriores con ella, muy particularmente cuando ella reacciona agresivamente contra él, llevada por sus celos

---

[119] *SCHMIDT&JACOBS: op.cit. p.179*

[120]VINAVER, *op.cit, p.720.*

hacia las *"ladyes and damesels"* que *"dayly resorted upon hym"* y su paladín se defiende alegando que no puede dedicarse exclusivamente a ella para evitar ser sospechoso de adulterio: [121]

"Also, madame, wyte you well that there be many men spekith of oure love in thys courte and have you and me gretely in awayte as then sir Aggravayne and sir Mordred, And , madame, wyte you well I drede them more for youre sake than for ony feae I have of them myselffe...."

Si bien en los casos anteriores Guinevere ejerce de Madre Crítica como mujer enamorada, en la despedida, como hemos visto, recupera su función pública de reina cuando, ante toda la comunidad monástica, ordena a su amante que no la vea más. Es esa la misma perspectiva que Chaucer da a este mismo personaje en *The Wife of Bath's Tale*. A diferencia de otras narraciones medievales, Guinevere se presenta exclusivamente con la distante dignidad de su oficio regio,nunca como la mujer insegura y vulnerable presente en la mayor parte de las obras del género. No en vano es una obra donde el protagonismo femenino es casi absoluto: la vida del *"lusty bacheleer"* depende de la reina, su corte de damas y la propia anciana harapienta, quienes así rehabilitan a la doncella violada y, de paso, regeneran moralmente al joven caballero al desvelarle el verdadero sentido de la *"gentillesse"*. La Madre Critica se adapta al papel público de la soberana en el momento de administrar justicia, asesorada por damas especialmente instruidas; un detalle que tambien aparece en Malory, cuando Guinevere y su corte de damas censuran el proceder contrario a las normas de caballería de algunos caballeros.

Literatura contemporánea

Las tres imágenes de Guinevere correspondientes al siglo XX son las perfiladas por Steinbeck, White y Bradley. En el primer caso, hay un diálogo entre Guinevere y Lancelot, en el que la primera se queja al segundo de su soledad y falta de alicientes debido a su condición femenina, creando un juego psicológico en el que el Niño Natural quejoso encubre a la Niña del Adulto, haciendo a Lancelot entrever sus sentimientos e intentando crear un puente con Lancelot-Niño Sumiso [122].

A la vuelta de Lancelot y, con motivo de la reunión cortesana en Winchester, tiene lugar el decisivo encuentro nocturno entre Arthur, Guinevere y Lancelot, tras el cual se

---

[121] *Ibidem,p.612*

[122] STEINBECK, *op,cit.* ,pp. 151 en adelante.

produce el primer encuentro amoroso entre éstos. Es muy significativo el duelo verbal entre aparentes Adultos [123] que encubren a una Guinevere-Madre Crítica a raíz del encuentro de Lancelot con las reinas hechiceras y un Lancelot-Niño Sumiso intentando excusarse mediante alusiones al abuso de la nigromancia y la confusión de la doncella que resultó victima de ella .La faceta de madre Crítica se manifiesta en Guinevere al recordarle a Lancelot la dama que él no llegó a salvar [124]. No olvidemos la presencia en la sombra de la Niña Astuta mediante gestos visuales (roces con los dedos) y la intencionalidad inherente en la mención a las decenas de doncellas " que ella entiende que ha rescatado" , dándole a pensar que es un gran seductor. El caballero recibe el mensaje sin ningún tipo de interferencias y responde físicamente - frío helado, dolor hueco, respiración cortada, espasmos- lo cual la reina capta sin problemas. Hay una propuesta claramente aceptada en silencio y que permanece oculta a Arthur.

En *The Once and Future King*, Guinevere se nos da a conocer mediante una intervención característica de la Madre Crítica, al ironizar acerca de la obsesión de Arthur con la Mesa Redonda (*"Arthur thinks about it at night"*) e informar a Lancelot con vistas a introducirlo en la corte y añadir información de la ofrecida por Arthur (Me refiero a los comentarios sobre el día de Pentecostés [125]). De igual forma advierte a Lancelot sobre cuán intensa es la pasión del Rey por la nueva hermandad (*"He won' t be able to tell you unless he talks for a week"*). La ironía que despide su discurso es característica de la figura maternal que contempla la ingenuidad de ambos hombres. La evaluación positiva hecha a partir de la llegada de Lancelot así como el hecho de tranquilizar a su marido *("Lancelot will help you")* mediante un consejo frente a la angustia de Arthur ante sus sobrinos refuerzan la imagen "maternal" de Guinevere.

Esta dependencia inconsciente de la figura materna se refleja en expresiones como *"Arthur adored her for her dash"* [126], o *"Lancelot's infatuation for Guinevere"* [127] aunque inicialmente se alude a los celos del caballero ya que representa *"the person who had robbed him ....Deceitful, designing heartless"* [128] para posteriormente pasar a una clara *"unconsciousness of her existence"* y, habiéndola herido en su orgullo aludiendo a su falta de destreza en la cetrería, ve que ella es clara, sin dobleces:

---

[123] pp. 209-10

[124] p. 210

[125] WHITE, *op.cit,* pp.328

[126] p.332

[127] *p.337*

[128] *p.330*

"she was a real person …not a mix, not deceitful,not designing and heartless…who would think and feel"[129]

En el primer dialogo entre Lancelot y Guinevere ya como amantes [130] encontramos un intercambio comunicativo entre el Niño inseguro de él y la Madre:

"I don't understand… why you should love me.are yo usure you do?..."

"My Lance."

"But my face.. I am so horrible"

Su segundo diálogo [131],*"quarrels of lovers that sounded sweet when remembered afterwards"*, es iniciado por Lancelot como una broma propia del Niño Espontáneo (*"Your toes are like little pigs that went to the market"*) que desencadena una reacción típica de la Madre Crítica por parte de Guinevere (*"I wish you wouldn't say things like that. It is not respectful"*) ante la cual el Padre del Adulto ejerce su influencia sobre Lancelot, el cual recrimina a su amante su orgullo y egoísmo como algo inaceptable en su vida privada. Una crítica que no es aceptada por Guinevere, quien aquí se desvía hacia la Niña Adaptada Rebelde (*The Queen would stamp her foot*), rompiendo la comunicación, la cual es reanudada cuando él se arrepiente (*"he had made a proper act of contrition"*)[132], con la presencia de un Niño Sumiso claramente definido por parte de Lancelot y confirmándose con ello la imposibilidad de una relación adulta. En su tercer diálogo, cuando Lancelot le confía su imposibilidad de lograr la santidad y, de paso, describe sus obsesiones infantiles, el intercambio tiene lugar entre una escéptica Guinevere, oscilando entre la Madre Crítica (*"You are not very holy now,, "*, *"Little lion"*, *"Poor Lance! How innocent you must have been"* [133] y la Nutricia-Comprensiva (*" I am sure it was a miracle"*) frente a un Lancelot –Niño Adaptado–Sumiso intentando ocultar su relación con Elaine y lamentando su incapacidad para hacer milagros – aparentemente causada por su unión adúltera con Guinevere pero realmente temida por su desdichado vínculo con Elaine [134]. La ambigüedad manifiesta transforma el diálogo en una transacción Madre Crítica-Niño Adaptado Sumiso, pese a que Lancelot apela a la Madre Nutricia. Además, podemos apreciar una transacción

---

[129]*p.331*

[130]p.378

[131]p.378-9

[132]*379*

[133]pp.379-809

[134]p.380

complementaria. Ello posibilita que la comunicación se prolongue más allá del primer intercambio (Lancelot apela a la comprensión de Guinevere – *"because we are wicked"*- quien responde con una apreciación típica de la Madre Crítica –*"Personally, I have never done a miracle", said the Queen quite coldly"So I have less to regret"*- lo que provoca la progresiva interacción entre el Niño Adaptado de Lancelot y la Madre Crítica de Guinevere.

Es esa misma figura la que inicia la siguiente transacción entre ella y su amante, cuando los rumores la informan sobre la realidad de los hechos (*"So this is why you lost your miracles"*) a lo que responde un Lancelot Adulto (*What do you mean?"*) que se estrella contra una inconmovible figura maternal crítica, psíquicamente alterada (*"You know what I mean"*)a quien responde de nuevo Lancelot-Adulto, en el que, no obstante, se hace sentir la figura del Niño a través de sus excusas (*"I wanted to toll you but it was too dificult to explain"*) para después continuar con la transacción Madre Crítica-Adulto-Madre Crítica , creándose un cruce "anti-comunicativo", por así llamarlo, que interrumpe momentáneamente el diálogo (*"Lancelot turned his head... in surprise"*)[135] . Él mismo reanuda la comunicación mediante el Niño Adaptado Sumiso, apelando a la comprensión del Padre Nutricio (*"Elaine means nothing to me"*) seguido por el esquema transaccional Madre Crítica-Niño Adaptado contaminando al Adulto-Madre Crítica-Adulto influido por el Niño Adaptado al intentar disculpar su conducta-Madre Crítica- Adulto (*"It is true..."*)-Madre Crítica (*"A baby wouldn't believe it"*)-Adulto influido por el Niño Adaptado- Madre Crítica.... Hasta que Lancelot evoluciona hacia la figura del Adulto-Padre Nutricio, al disculpar a Elaine y llegándose a un clímax expresado en el silencio momentáneo que conmociona a Guinevere (*"She suddenly gave up and started to cry"*) Comienza entonces una transacción iniciada por la Madre Crítica de ella , a la que responde el Niño Adaptado de Lancelot para continuar con una Guinevere por fin Adulta (*"If you had told me the truth I could have believed you"*) a la que responde el Lancelot-Niño Adaptado, que seguidamente se convierte en Padre Nutricio dirigiéndose a la niña de Guinevere, la cual reacciona como tal (*"It has hurt me worse like this"*), restableciendo el equilibrio comunicativo ya que apela al Padre Nutricio de Lancelot , el cual se manifiesta de nuevo (*"I know it has"*), reanudándose la comunicación afectiva entre los amantes (*"The Queen dried her tears....refreshed by rain"*)[136]

---

[135]pp.381-2

[136]p.382

Cuando Elaine está a punto de llegar, Guinevere necesita fortalecer su posición adoptando la figura de Madre Nutricia que apela al Padre de Lancelot, quien responde mediante el niño Adaptado [137] y tras una nueva intervención del Padre Nutricio, el Adulto de Lancelot se dirige al de Guinevere (*"Jenny, it is sweet of you..."*) Pero, inesperadamente, la Madre Crítica usurpa su lugar, en pugna con el Adulto de su amante (*"Free? But, Jenny..."*) favoreciendo la incomunicación. Guinevere desarrolla un juego psicológico en el que se aprovecha de la débil posición de su amante a fin de dominarlo. Es incluso factible considerar que es una transacción ulterior de la figura del Pequeño Profesor (Adulto del Niño)

También podríamos hablar de juegos psicológicos basados en transacciones ulteriores en el primer diálogo entre Guinevere y Elaine de Pelles. La reina se deshace en una sucesión de intervenciones típicas de la Madre Nutricia[138] cuando, en realidad, lo que subyace es la Madre Crítica o la maliciosa Niña-Adulta, una aparente bienvenida que oculta la rabia por su frustración (*"Lancelot will be delighted to see you"*, *"The king and I are quite excited to see whether he will be like his father"*). En realidad, todos estas apreciaciones connotan ironía, ya que la reacción de Lancelot al ver a Elaine será absolutamente contraria a lo que Guinevere hace ver a su rival y, por otra parte, tanto Arthur como ella tienen dudan que Lancelot haya engendrado el hijo de Elaine. La Niña de ésta reacciona en dos ocasiones consecutivas pero la tercera vez, pese a su apariencia de transacción entre Adultas, en realidad en una transacción entre dos astutas "Pequeñas Profesoras". El orgullo expresado por Elaine al hablar de su retoño hiere el de la estéril Guinevere. Ello es palpable cuando se dice que Guinevere *"took hold of herself with an effort"* [139]. Sin embargo, la Madre Nutricia de ella retoma el dominio de la situación y, además, reanuda el diálogo con Lancelot (*"I think you ought to go to your son..."*, [140]), el cual reanuda su vinculación al Niño Adaptado Sumiso cuando, angustiado, pregunta por la temida fealdad de su hijo. Su tensión es supuestamente aliviada (*"Thank God"*) por Guinevere (*"He takes after Elaine"*).El alivio puede explicarse porque, bajo la aparente comunicación Adulto-Adulto, subyace un intercambio entre un Niño Adaptado Sumiso y la Pequeña Profesora de Guinevere, la cual ironiza astutamente acerca de la probabilidad de negar la paternidad de su

---

[137] p.387

[138] p.338

[139] p.338

[140] *p.389*

amante al no haber pruebas concluyentes y , por otra parte, parece decir "No temas, lo peor de tu herencia genética no se manifiesta". Sin embargo, Lancelot entiende el juego psicológico de su amada como una comunicación adulta, sin más connotaciones*("I'll go and see her")* Guinevere, impotente ante la inconsciencia de Lancelot respecto a la posibilidad de desembarazarse de su lastre, recurre a la Madre Crítica prohibiéndole el hipotético contacto sexual con Elaine (*"I am trusting you")*advirtiéndole mediante un reto – citándolo en su habitación (*"I shall send for you")*y negándole el acceso a la habitación de la muchacha (*"Lancelot, you have deceived me...")*El Adulto de Lancelot se siente incapaz de hallar eco . Una vez más, nos encontramos con un caso de comunicación cruzada.

Es en la entrevista que tiene lugar la mañana siguiente a la engañosa noche de amor entre Lancelot y Elaine cuando se produce el clímax de la creciente tensión entre los amantes. La Madre Crítica de Guinevere estalla con toda la virulencia posible, tanto a nivel verbal como gestual (*"She was stiff....her face was drained white")* Esa figura maternal es, en el fondo, el parapeto de la Niña Adaptada, humillada por el abandono del amante. Es Elaine quien, con la crueldad característica del inferior (en este caso, la portadora de una personalidad inmadura y mediocre) ante la debilidad de quien rivaliza con ella, hace emerger a su Pequeña Profesora una vez más para, a través del disfraz de la Adulta, triunfantemente reconocer que Lancelot una vez más la ha satisfecho[141] , lo cual es enfatizado por su expresión calmada (*"Elaine said calmly...")*, logrando así su objetivo: transformar a su rival en una mujer insegura, histérica....en suma, nada atractiva (*"She looked hideous")*[142]. La respuesta a ello es el estallido de exacerbada violencia procedente de la desgarrada Madre Crítica-Niña Adaptada, quien, insensible ante las repercusiones emocionales que ello puede tener en la sensibilidad de su inocente enamorado, reacciona de un modo demasiado devastador para una personalidad atormentadamente dependiente de ella, mas no para una contrincante sólo interesada en su derrota. Elaine, por tanto, permanece impasible – una Adulta pasiva por fuera (*"She watched the Queen passively"*: [143]), pero triunfante Pequeña Profesora-Adulta de la Niña en su interior (*"He thought he was coming to you")*, tras la réplica de la furiosa figura maternal. La subyacente Niña Astuta de Elaine toma

---

[141]p.391

[142]p.391.

[143]p.392

entonces la apariencia de Niña Adaptada Sumisa (*"I could not live without him"*)[144] Dejándose llevar por el juego de su rival, Guinevere llega al paroxismo de su impulsividad, dispuesta a agredir a su contrincante y así culminar el objetivo de Elaine: hacer patente su propia degeneración personal. Lo cual se manifiesta en sus acciones físicas -intentos de golpear a Elaine en la boca y de escupir a Lancelot [145] –insultos diversos contra la joven - *"traitor" "animal" "strumpet"* – o Lancelot – *"ugly, evil, beast-like face"* – y actitud tambaleante – *"tottering steps"*. Guinevere dirige ahora contra el amante su desesperación de animal herido, disfrazado de autoritarismo crítico para mantener su *status* – *"I am the Queen of England, I am not your trull"*- recriminándole el haber subestimado su inteligencia – *"Why couldn' t you think of a new one…?*

Tenemos, pues, un enfrentamiento entre exacerbados estados de conciencia – una desgarrada Madre Crítica encubridora de una no menos patética Niña Adaptada dirigiéndose a una Niña que sobrepasa los límites de la sumisión al ser incapaz de articular palabra y a limitarse a expresiones faciales desequilibradas. Este choque es el que lleva al *pathos* consistente en la destrucción psíquica y moral de Lancelot. Tal estruendoso climax [146] conduce al correspondiente anticlímax, materializado en el diálogo final entre Guinevere y Elaine, quien, a modo de notaria, certifica el desenlace ante su oponente, haciendo hablar a su Madre Crítica por dos veces consecutivas, seguidas del silencio de una Guinevere profundamente sumida en su Niña Adaptada Sumisa (muy diferente de la Adaptada Rebelde que hasta entonces ha estado operando en la sombra) hasta el punto de no darse cuenta de que Elaine está usando el mismo mecanismo que ella :debajo de la figura crítica subyace la víctima, carente de todo," *a fine husband, a kingdom, a home"*. Cuando la retorcida Niña Adulta reaparece, jactándose de poseer aquello que es inaccesible para la Reina (tener un hijo de su amado, lo cual, además, supondrá generar una estirpe digna de orgullo) Guinevere reacciona mediante el recurso a una Madre Crítica y Autoritaria pura, carente ya de matices victimistas, ordenando a Elaine que se retire, para después convertirse en Madre Nutricia protectora de Lancelot (*"Don't tell anybody…it will be his death"*) frente a la Niña Adaptada Rebelde de Elaine, que se queja de su falta de respeto hacia su integridad moral (*"Do you think I would?"*), retornando así la Madre

---

[144]*p.392*
[145](p.392
[146]p. 393

Nutricia, por cuya boca se lamenta su Niña Rebelde –" No sólo me has arrebatado lo único que me ilusionaba sino que además lo has hundido"

El desmoronamiento moral de Guinevere culmina la tragedia.

No hay ninguna producción verbal por parte de la desventurada reina hasta casi veinte años después, cuando el autor atribuye a Arthur la idea de emprender la Cruzada por el Grial e inmediatamente antes de que ello tenga lugar [147]. Guinevere sugiere, mediante la Pequeña Profesora, que *"Lancelot has never forgotten God"*- refiriéndose a la peculiar creencia del caballero en su propia capacidad para realizar milagros. Posteriormente[148], representando a la perfecta anfitriona tras el regreso de Gawaine, recupera el papel de Madre Nutricia y el de Madre Crítica [149], censurando la actitud de Sir Bors por su fanático arrebato de cólera al ver que no consentía en sacrificarse a cambio de salvar a doce doncellas. Guinevere-Madre Nutricia reaparece cuando alaba la intención divina de conceder la muerte al ermitaño y a Colgrevance[150]. Cuando Lancelot regresa, vuelve a ejercer ese papel materno-nutricio compasivo reprobando la actitud de la doncella que saluda a Galahad considerándolo el mejor caballero del mundo ante su propio padre, ignorando a éste[151] (*"But to come and say it in front of you on purpose!..."*) así como es la Madre Crítica quien evita que Lancelot haga pública su relación adúltera con la Reina, previamente confesado a un sacerdote [152] y al recriminar a su amante su súbito rechazo de la gloria terrenal[153]

Posteriormente, el diálogo que tiene con Lancelot pidiéndole que se aísle durante un tiempo, nos la muestra adoptando una postura inicial de Madre Crítica (*"Go away ... Can't you see you are wearing me out?)*[154] para después evolucionar a una postura aparentemente adulta (reflejada en las expresiones *"I think...."*, *"I want you to realize..."*) intentando hacerlo razonar, pero siempre vuelve a la Madre Crítica, frente a la cual, como ha sido habitual a lo largo de toda su historia amorosa, Lancelot representa el papel de Niño Adaptado Sumiso ante una Madre hipercrítica que

---

[147]p.430

[148]p.433

[149]p.422

[150]P.445.

[151] P.459

[152]*p.461*

[153]*p.463*

[154]*p.472*

censura su participación en el torneo de Corbin para estar junto a Elaine [155]. Esta actitud no es más que un encubrimiento de la Niña Adaptada Rebelde ante su propia decadencia, la conciencia de que ya no es joven y que todo cuanto de vivo, sensual y esperanzador se le escapa. Esta figura resurge ante Bors, [156] acusando a Lancelot de traición, ante lo cual Bors adopta una postura indirectamente reprochadora, pese a las apariencias (La primera vez adopta el papel de Padre Nutricio y las otras dos posteriores, el del Adulto)

Al llegar la embarcación con los restos de Elaine, [157] la Madre de Guinevere aparece en sus dos facetas: la de la Madre Autoritaria con Lancelot y la Nutricia con la difunta, compadeciéndola. La desaparición de su rival conlleva la progresiva restauración de su relación amorosa, materializada tras rescatarla Lancelot tras haber sido secuestrada por Meliagrance. En esta escena, Guinevere olvida por fin a la Niña y a la Madre para adoptar una personalidad adulta [158], en consonancia con su estado emocional, que parece haber logrado ese equilibrio del que se había visto despojada durante tantas décadas de su vida (*"She was serene and sane again. She had renounced her possessive madness and was joyful to see him living, whatever he did"*)

Tal línea de madurez persiste en en su diálogo con Lancelot mientras contempla el crepúsculo primaveral [159] comenzando el diálogo dentro del tono materno-nutricio (recomendando a Lance que no beba) y pasando al estado adulto (más bien la Madre de la Adulta) cuando su amante le propone la fuga. Frente al Niño Espontáneo de él, Guinevere debe en algún momento ceder terreno a la Madre Nutricia Crítica para defender a su marido, quien es tratado como una especie de *"go-between"*[160] y reconsiderar su postura, animando a Lancelot y volviendo a la Madre de la Adulta.[161] . Del mismo modo, la noche en que son cercados por Agravaine y Mordred, su diálogo corresponde al de dos adultos[162]. Durante el asedio de Arthur a Joyous Gard, la propiedad de Lancelot, ambos amantes entrecruzan sus pensamientos: un híbrido de Padre Crítico y Niño Adaptado Sumiso en los recuerdos atormentados y culpables de

---

[155]*p.484*

[156]*pp.488-9*

[157]*p.491,*

[158]*pp.499-50*

[159]*pp.536-9*

[160]*p.537*

[161]*pp.538-9*

[162]*pp.561-5.*

Lancelot, centrados exclusivamente en Gareth, a quien ha dado muerte, y una Madre Nutricia que intenta confortarlo[163]

Los dos últimos diálogos de Guinevere, ya lejos de Lancelot, tienen lugar en la misma ubicación – al Norte de Inglaterra. Primeramente, con su dama de compañía y después con Mordred, ambas de signo diferente. En el primer caso, [164]una Agnes-Madre Crítica se entrelaza con la Adulta Guinevere, disculpando a Arthur, frente a los recelos de su dama. En el segundo diálogo, con Mordred, el registro de Guinevere ha de cambiar al de Madre Autoritaria para resistir al Niño Astuto del hijo ilegítimo de Arthur [165].

Es decir, inevitablemente la Madre – fundamentalmente Autoritaria –y la Niña – sobre todo la Adaptada Rebelde – como ocurre en las obras de los siglos XIV-XV, domina la personalidad de la Guinevere de White, aunque su protagonismo sea considerablemente mayor en las obras contemporáneas. Su relación con Lancelot está mayormente dominada por la figura maternal frente al Niño Adaptado Sumiso, aunque esa Madre encubre muchas veces a la Niña Adaptada. Esa ausencia de la Adulta explica la actitud neurasténica y explosiva de Guinevere no sólo en esta historia sino también en sus precedentes. Y que se mantiene en el último referente importante del género en el siglo XX, la Tetralogía *The Mists of Avalon* de Marion Bradley Zimmer.

En ésta que podríamos considerar la última gran obra del género hasta la fecha, la frágil e insegura personalidad de Gwenhwyfar, enviada a un convento religioso por su padre autoritario y violento tras la muerte de su madre, acusa desde el inicio el predominio de la Niña Sumisa como reflejo de su inseguridad ante la necesidad de sentirse protegida[166] *"Oh the dear convent , never having to go out"* . Esta Niña refleja sus temores cuando, tras ser elegida como esposa de Arthur, debe dejar el convento. Se queja de sus propias limitaciones, pensando que no es inteligente ni cultivada (*"I am not wise",*[167] *p.224*), de su destino como futura *"High Queen"*, que le atemoriza (p.295). Añora su convento ante su futura suegra Elaine, deseando regresar a toda costa (p.305) y la angustia la idea de viajar a caballo, prefiriendo una litera (p.308) ya que así podría cerrar las cortinas y no exponerse al aire libre, algo que le produce

---

[163]*pp.585-90*

[164]*pp. 603-8*

[165]pp.609 y siguientes

[166] ZIMMER BRADLEY, *op, cit* p.290

[167]p.224

verdaderas crisis de ansiedad y que se mantendrá como una característica constante a lo largo de toda la tetralogía. Con ella, Elaine, madre de Arthur, juega el papel de Madre Nutricia[168] y de Madre de la Adulta, rebatiendo los argumentos propios de la Madre Crítica sostenidos por Gwenhwyfar con referencia a la vinculación demoníaca de Avalon (*"Is Viviane a witch..?"*) y a los comentarios bíblicos sobre las vestimentas femeninas (*"It is forbidden for a woman...":*[169]). Sin embargo, hay una serie de excepciones que coinciden con su llegada a la corte de Arthur: habla como Adulta cuando se refiere por primera vez a la Mesa Redonda y también cuando dirige sus primeras palabras a Arthur, al aludir a su falta de adecuación para enumerar su dote, encubriendo a una Madre Crítica que censura el comportamiento inadecuado de su prometido. Así mismo adopta la postura de la Madre Crítica la primera vez que hace valer su autoridad como reina ante el senescal Kay. Es la Niña Crítica de Gwenhwyfar la que nos informa tanto a los demás protagonistas como a los lectores acerca del entorno que ha condicionado decisivamente su conducta a través de críticas despectivas de su madrastra Eleanor[170] y su despótico padre quien repetidas veces la desprecia, llamándola " *featherhead*" [171] y la chantajea moralmente, haciendo surgir la Niña Adaptada Sumisa (*"Can I complain of the best of fathers who has only my own welfare at heart?"*).

Cuando por primera vez se encuentran Gwenhwyfar y Morgaine [172], la futura reina ejerce de Madre Nutricia, impulsada por su inseguridad a fin de fomentar la confianza entre su cuñada y ella, lo cual genera una cierta complicidad, expuesta en su intercambio irónico acerca de las ventajas de una reina , en palabras de Morgaine, y lo inadecuado del termino *"madam"* para Gwenhwyfar , según ésta misma.[173] El primer choque ideológico entre ambas se produce hablando acerca de la postura eclesiástica sobre las mujeres y la música [174]. En esta conversación emerge la Madre Crítica de Gwenhwyfar (*"It is unseemly for a woman..."*) a la que responde la Madre del Adulto de Morgaine (*"You, Christian..."*). A ello Gwenhwyfar replica recurriendo a la Niña

---

[168] pp.306 en adelante

[169] p.306.

[170] p.310

[171] p.295

[172] pp. 328-9

[173] p.331

[174] pp. 332-3

Espontánea (*"I would not have been allowed..."*)teñida de Sumisa (*"I would not have been allowed..."*). Es interesantísimo notar la estrecha relación ente el uso constante del adjetivo *"unseemly"* y la Madre Crítica de Guinevere así como el uso de ciertos verbos introductores : *"chuckle"* –referido a la Madre Crítica, sobre todo a la de Morgaine – *"shrink" "whisper" "ventured in a small voice"* [175] – vinculados a la Niña Sumisa y a la Madre Crítica de Gwenhwyfar – estrechamente unida a la Niña Sumisa.

En la plegaria que reza en su noche de bodas, la ya Reina hace emerger a su Niña Sumisa (que muestra su inseguridad como reina y esposa y expone la voluntad de Gwenwhyfar de plegarse a la presión de las circunstancias)[176] Dos días más tarde, adopta frente a su corte una postura de Madre Nutricia mientras habla con Morgaine acerca de asuntos domésticos [177]. No obstante, sus monólogos internos siguen centrados en la Niña Espontánea que lamenta su posible esterilidad o en la Rebelde refiriéndose a Morgaine como controladora implacable (*"She is always watching me"*)[178]

Esta misma Niña Rebelde se vuelve a manifestar abiertamente ante Arthur cuando se niega a aceptar el matrimonio entre Lancelet y Morgaine [179], tiñéndose de Madre Crítica al censurar la religión de Avalon [180], lo cual es más que patente en insultos como *"pagan harlotries, sorcerous filth, wicked enchantments, vile goddesses, sorcery"*. Este incipiente odio hacia Morgaine coincide con una violenta reacción muy similar, ante el rechazo de Lancelot

Cuando está cuidando a Arthur tras haber sido éste herido por los sajones, en el silencio de la estancia y en el interior de Gwenhwyfar tiene lugar un encadenamiento de monólogos internos por parte de la Niña Espontánea, respondiendo a sus anhelos y angustias, tales como su frustración por no quedarse encinta[181], la contradicción entre sus deseos (conseguir un amuleto de fertilidad) y su propia actitud exterior de intransigencia hacia el paganismo (presencia de la Madre Crítica)[182] y el resurgir

---

[175]pp.305 y siguientes

[176]p.350

[177]p.355 .

[178]p.364

[179]p.365

[180]pp.365-6

[181]p.382

[182]p.382

ocasional de la Niña Sumisa , dirigiéndose tiernamente a su esposo[183] . Encubre todo ello con su actitud de Madre Nutricia hacia Arthur, considerando lo adecuado de traer a Morgaine para que sane a su hermano [184]. A partir de aquí podemos apreciar una especie de clímax ascendente –característica que se dará en varios momentos de la obra – que llegará a su punto álgido tras la muerte de Elaine. Mientras cuida a la agonizante suegra, la Niña Crítica de Gwenhwyfar resurge [185] . (*"It is nothing to her that I've come..."*) lamentándose de la nula valoración de su labor y su infertilidad[186], y dando espacio a la Niña Sumisa cuando admite, ante las preguntas de Igraine, que realmente ama a su hijo [187] y excusa su infertilidad alegando que *"It was not for lack of wanting" [188]*. En su interior se libra una cruenta lucha entre la Madre Autoritaria que considera el Saber Arcano de las Sacerdotisas hechicería diabólica y la Adulta que se pregunta cómo pueden ser maléficas ciertas prácticas curativas[189]. La muerte de Igraine, que en sus últimos instantes revela su verdadera personalidad – desvelando que su actitud de pía cristiana y sumisa esposa de su señor Uther era una máscara que ocultaba su cualidad de hija de Avalon – hace que la Madre Crítica de su nuera surja despiadadamente arrasadora–*"Igraine was a pagan and lost to the hick.... "* [190]drogando a su Niña Espontánea – capaz de llorar a Igraine – o a la Adulta reflexiva.

Posteriormente la Niña Rebelde vuelve a predominar cuando se niega a permanecer en Tintagel pese a la amenaza sajona y a la presión de los caballeros, concretamente por parte de Griflet y Gawain. En realidad hay una contaminación de Madre Crítica como en otras ocasiones. Esta misma coyuntura origina un nuevo clima de tensión creciente cuando Gwenhwyfar censura a Arthur por luchar bajo la insignia del Dragón de Avalon[191] . La noche de su regreso a la corte de Caerleon la Madre Autoritaria suena implacable, escandalizada de que el reino pagano de Avalon y el cristiano de arthur luchen bajo la misma bandera: *"The pagans of Avalon ruled by sorcery fight on the side of a Christian King!"*. Sin lugar a dudas, la esposa de Arthur quiere afirmar su autoridad, siguiendo ejemplos femeninos como Morgaine o Morgause para dar

---

[183]p.386

[184]p.380

[185]p.409

[186]p.410

[187]p.409

[188]p.410

[189]p. 411

[190]*p.416.*

[191]p.437.

seguridad a su personalidad. De igual forma, posteriormente se opondrá a ser enviada a Camelot [192], recurriendo a la niña Rebelde y desafiante manifestada en su tono (*"she said clearly","she said fiercely"*)y en la contundencia de las expresiones que elige (*"I shall not!" "You cannot force me"*). Al censurar la actitud a favor de los paganos de Arthur, Gwenhwyfar adopta dos niveles de Madre Crítica:

-Por una parte, la figura de la Madre Autoritaria es la canalización de su propio malestar, su subjetividad. *"I like it not that me and the folk of Avalon should fight on the same side", "I like it not that you raise a pagan standard"* [193]

 - Por otra parte esa figura materna es el medio de expresión de la imagen pública que ella tiene de sí, la reina cristiana

(*"It seems no proper thing" "This battle shall be the stand of civilized men", "You should fight, like Uriens...."* [194]

Gwenwhwyfar hace equivaler los conceptos *"folk of Avalon"* y *"The Old people"* con *"uncivilized people"* y*"foe"* frente a *"friend"*, *"proper Christians, civilized men descendants of Rome"* frente a los seguidores de *"demon gods"*, *"ruled by sorcery"*. Esta actitud inflexible y maniquea la obsesiona incluso ante Taliesin (pese a ser consciente de los bondadosos ojos del anciano y del hecho de que sería el bisabuelo de su bebé [195]) a quien considera un viejo pagano adorador del demonio (*"old pagan and demon worshipper"*). La Madre Autoritaria resurge mientras borda la bandera cristiana con la imagen de la Virgen que pretende a toda costa que Arthur lleve en batalla en lugar del dragón pagano. Cuando Taliesin alaba el trabajo que está realizando, ella, desafiante, inconscientemente establece un paralelo entre su labor y la de Morgaine, cuando ésta bordaba la funda de Excalibur y al mismo tiempo recitaba fórmulas mágicas de protección, que influyesen en la seguridad del portador de la espada. Gwenhyfar, por su parte, con cada puntada tejerá una oración que influya positivamente sobre Arthur (*"With every stitch I wave a prayer that Arthur....."* [196] y así protegerlo a través de Cristo en lugar de recurrir a la brujería. Quien le responde, sin embargo, es el Padre del Adulto de Taliesín, reconociendo que *"Prayer is never wasted"*, la oración siempre es útil ya que Dios está en todas partes y una obra tan

---

[192]pp.439-40.

[193]p.438.

[194]p.437.

[195]p. 443.

[196] p.444

bella como este emblema que borda jamás será ignorada por la fuerza divina[197] . Gwenhwyfar incluso adopta una cruel y burlona variedad del Adulto del Niño ante el anciano druida cuestionando su paciencia incluso ante el hecho de ver la bandera de Uther Pendragon con el dragón siendo desgarrada por los no paganos [198]. Ante Taliesin no duda en censurar a Morgaine calificándola de provocadora y generadora de escándalo, lo cual choca frontalmente con la evaluación negativa del Padre del Adulto del bardo [199] . La esposa de Arthur, sin lugar a dudas, se siente absolutamente frustrada al sentirse privada de los privilegios de su cuñada (libertad, inteligencia, formación como sanadora y mujer sabia en tantos otros aspectos, entre los que se cuentan el ser una magnífica tejedora e incluso destacar como maestra cervecera) Es el mundo de Avalon, primero mediante la música del arpista Kevin y luego la acción del Grial a través de Morgaine muchos años después, lo que la hará renacer al equilibrio. Esa misma tarde de su enfrentamiento con Taliesin, escuchando la música de aquél al que posteriormente considerará un sapo deforme[200], por primera vez en su vida se sentirá transportada hacia un mundo donde lo que importaba no era ser pagano o cristiano sino sólo el espíritu del ser humano, llameando entre la gran oscuridad como una antorcha perenne [201]. Pese a sí misma, Gwenwhyfar es una presa más del irreductible mundo Romano-Cristiano de los primeros años oscuros. Esta atmósfera genera una simbiosis entre la Niña Adaptada Rebelde y la Madre Crítica, materializada en graves insultos despreciativos y juicios temerarios que ya vimos en la composición que de ella hiciera Malory [202]"*Don't touch me!*"" *And you would calm me with kind words…*" Aquí añadiríamos un detalle propio de la Niña Sumisa contaminada por la Adaptada Rebelde, expresando su vulnerabilidad ("*Do you think I do not know…*") [203] quejándose de incomprensión por parte de Igraine y Kevin. Su actitud fatalmente la conduce a un dramático aborto, tras el cual Gwenwhyfar mantiene con su capellán una conversación en términos de Padre Crítico Autoritario y Niña Adaptada Sumisa, donde se refleja claramente la huella indeleble dejada por la influencia del

---

[197] Pp. 444-5.

[198] P.444.

[199] Pp.443-4

[200] P.448.

[201] P.448.

[202] Pp.449-50

[203] *P.450*

Padre Columba en su conducta [204] . Éste duda que ella haya hecho todo lo que está en su mano para que Bretaña pueda tener un rey cristiano y que le esté diciendo la verdad. Ante ello, la reina se lamenta de haber sido castigada por Dios por no estar capacitada para dar un nuevo rey....a menos que se haga un voto general de abandono de la huella pagana. A ello sigue un diálogo entre el Padre el Adulto y la Madre Crítica [205]. La estrategia que permite a Gwenhwyfar triunfar se resuelve, tras el fracaso de la Madre Crítica, recurriendo a la Niña Sumisa, que se lamenta de ser "*an encumbrance*" y a la Astuta ("*I wonder you trouble...*", "*And doubts God knows....*") [206] Cuando vuelve a encontrarse con Taliesin, la esposa de Arthur sigue actuando como una Madre Crítica Autoritaria frente al Padre del Adulto[207], pretendiendo imponer su verdad como la única ante el druida ("*But God is real and they are but idols fashioned..*")[208]. Esa misma Madre Crítica Autoritaria e intransigente se vuelve a expresar más tarde cuando considera "*foolish*"[209] el hecho de que Gareth quiera ganar el favor de Arthur y Lancelet "*for what he had done, not for his name and birth*" .Es decir, se muestra como una defensora inflexible del orden establecido. Ello choca frontalmente con la opinión de Lancelet (*"Nay-It was honorably done"*), un binomio honor/majadería difícil de equilibrar. Esta Madre se vuelve Nutricia, no obstante, hacia Morgaine cuando ésta regresa a la corte. Mas ello contrasta con sus celos, reflejados en su actitud de Niña Rebelde y quejosa ante la solicitud de su cuñada hacia Lancelet, envidiando su dulce voz[210]y que también se dejan sentir en los sueños de Gwenhwyfar. Sin embargo, en la primera declaración de amor explícita entre ésta y Lancelet, la Reina inicialmente recurre a la Madre del Adulto ante la desesperación del caballero ("*I would not hold you...*",[211]"*if you feel it is you duty*",) frente a la niña Adaptada Rebelde (*"Why do you think I am any more happy or content than you?" "I do not know how I shall live if you go away"*[212].En esta encrucijada moral ("*I should pray to be free*

---

[204] Pp. 451-2

[205] Pp.452-3

[206] P.453

[207] Pp-485-6

[208] P.486

[209] P.490.

[210] p.497.

[211] P.498

[212] Pp. 498-9

of temptation and I cannot")[213] las creencias que se han mantenido desde siempre comienzan a ponerse en duda:

a) A nivel social *"At least you can choose whether to stay ot o go but I was given into Arthur' s hands ...nor can I rise and ride forth from court.... But I must stay here..."*

b) En el plano religioso: *"It seems to me sensible... (God as night watchman peeping here and prying there)*[214]

La Niña Espontánea se refleja ante Guinevere a solas el día de Beltaine, contrastando su esterilidad con la apoteosis de la fertilidad que esa festividad representa (pp.506-7) de forma tan patente que *"falters"*[215] y sale al exterior en presencia de la propia Morgaine, cuyos conocimientos hacían sentir a la propia Reina vulgar como una gallina (como ella misma reconoce ante sí misma[216]) . La propia Niña Espontánea suplica (*"I beg you"*) que utilice sus artes con ella. Morgaine reacciona por medio de la Madre Crítica (*"...it may be that it's (the Goddess')will that you and Arthur should have no children"*[217]) hablando como una sacerdotisa mientras hace especulaciones acerca del papel de la voluntad divina – en esta caso, la Diosa- como determinante del hecho de la infertilidad de Gwenhwyfar. Ante lo cual reacciona la Niña Adaptada Rebelde de su cuñada, aludiendo a la oración de Jesús en el Huerto de los Olivos, siendo respondida por la Madre Crítica de Morgaine que alude al mismo episodio [218], reapareciendo la Niña Adaptada Sumisa que se intenta justificar (*"Yet I cannot see how... ", "I have done no wrong"....).* La Madre Nutricia de Morgaine la serena y, posteriormente, [219] la avisa del peligro implicado en el uso de amuletos, pudiendo causar un efecto contrario al deseado. La propia Niña Rebelde de Gwenhwyfar intenta chantajearla, amenazando con participar plenamente en los ritos de Beltaine – en este juego también tiene un papel importante su Niña Espontánea. La Madre Nutricia de Morgaine sigue allí, manteniendo sus advertencias acerca del peligro de ese talismán

---

[213] P.500.
[214] P.*500*.
[215] P. 508
[216] Pp.506 y 508.

[217] P.*509*
[218] P. 509
[219] P.510.

que le acaba de dar [220]. El mismo que Gwenhwyfar más tarde considerará "*rubbish*", una basura, tras ser consciente de la certeza de su infertilidad[221].

La obsesión de Gwenhwyfar por su supuesta inferioridad ante Morgaine se refleja en su propia obstinación en ir al encuentro de su hermanastro Meleagant, desafiando los consejos de su cuñada, impulsada por su tendencia a hacer justo lo contrario de lo que la hermana de Arthur estimase oportuno [222]. La Niña Adaptada Rebelde y la Madre del Adulto compiten, ya que la primera quiere demostrarle que ella está capacitada para llevar a cabo negociaciones políticas en ausencia del Rey [223]. La falta de sentido común le hace elegir a Ectorius como única escolta ya que es de origen noble y veterano de muchas guerras. Sus razonamientos son puramente teóricos, ausentes de todo sentido de la realidad, como lo demuestra al rechazar la supuesta amenaza que supone Meleagant, ya que ingenuamente piensa que si él no le brinda el respeto que merecería su honorable hermana, ello sería una prueba de que sus reivindicaciones son falsas y, por tanto, carecería de derechos sobre el reino de su padre [224]. Con esa misma visión estrecha e irreal hará frente, posteriormente, a su propia y cruda violación por Meleagant, parapetándose en su esterilidad y en su calidad de esposa del "*High King*"[225]. Su escaso sentido de la realidad es contrarrestado con su recurso a la Niña Espontánea en la desvalida soledad de su encierro, prisionera de su hermanastro en el dormitorio que perteneciera a su difunta madre, pidiendo ayuda a Morgaine a través de la magia contenida en el amuleto, el mismo que, una vez sana y salva gracias a Lancelet, termina por despreciar[226]. Toda esta profunda inmadurez de Gwenhwyfar la lleva a justificar su abierta infidelidad tras entregarse a Lancelot en la misma cama en que yaciera su madre, basándose en que el hecho de ser la esposa de Arthur no había sido una garantía para protegerla de la violación [227], lo cual se ve incrementado por un amago de escepticismo en la ingrata religión que no recompensa su intento de fidelidad. Ello, paradójicamente, implica un atisbo de pensamiento individual en Gwenhwyfar, quien comienza a tomar conciencia del poder de los

---

[220] P. 511

[221] P. 518.

[222] pp.584-5

[223] p.584

[224] p.584

[225] p.592

[226] p.595

[227] p.599

sacerdotes[228]. Por primera vez es capaz de tener en consideración su cuerpo, sin miedo ni vergüenza. Pero, posteriormente [229] aún sigue acosada por la culpa, lo cual la mueve a utilizar la Niña Adaptada Rebelde contra Morgaine, acusándola de despreciarla y rechazando su compasión, estrellándose contra la Adulta Lógica de su cuñada ("*None has accused you*" [230]). Más adelante, ante el regreso de Arthur, busca de nuevo confort en Morgaine, reviviendo a la Niña Espontánea y asustada, pidiéndole consejo sobre la conveniencia de informar a Arthur acerca del desagradable episodio vivido con Meleagrant [231]. La culpabilidad inculcada por las enseñanzas recibidas de pequeña la llevan a considerar que, al contrario de lo que le ha ocurrido, las santas vírgenes mártires de Roma habían muerto voluntariamente a cambio de defender su virginidad [232] y ello aviva su inseguridad, demostrada en su pánico a salir al exterior (materializado en su miedo a los halcones). Más tarde, ella revelará su desequilibrio psíquico mostrando su Niña Adaptada Rebelde y la Madre Crítica [233] cuando reprocha a su marido el haberle propuesto que se entregue a Lancelet, llegando a acusarlo abiertamente de amar a su amigo más que a ella misma. Su propia demencia se hace patente en expresiones referidas a su voz quebrada por la histeria y sus incesantes sollozos ("*Her voice was cracking with hysteria….*" "*She was sobbing hysterically now and could not stop herself*", [234])Arthur expone la crudeza de la supuesta realidad de su esposa ("*You are certainly mad, my lady*"), la confirmación de cuanto llevamos analizado hasta ahora, pero que en la voz de su esposo adquiere un matiz de realidad palpable y dura. El propio rey piensa que su exceso de religiosidad y los pensamientos referidos al pecado la han trastornado mentalmente. El descontrol de Gwenhwyfar la lleva a revelar ese secreto gravísimo y aparentemente sellado que Morgaine había llegado a confiarle: aquel hijo que él mismo había concebido en las entrañas de la sacerdotisa la noche tras el "*King-making*". Inmediatamente, consciente de su terrible error, la atemorizada Niña Sumisa intenta repararlo disculpándose, mas no sirve de nada. Hay que asumir las consecuencias. Cuando Morgaine confiesa la verdad, la reacción de la reina es desproporcionada: tanto la Madre Crítica como la Niña Rebelde

---

[228] p.599

[229] p.606

[230] p.606

[231] p.608

[232] p.608

[233] pp.630-1

[234] *p.631*

estallan a través de graves insultos hacia el modo de entender las creencias religiosas en Avalon, calificándolo de prostitución pagana (*harlotry* y *heathenness* son las palabras claves del discurso de Gwenhwyfar en esos momentos)[235] pese a que Morgaine mantiene firmemente la presencia de su Adulta [236]. Cuando ésta se marcha, Gwenhwyfar sigue invocando a la Niña Adaptada (haciendo ver su ausencia de culpa en el hecho de no haber concebido un hijo [237]) o la Madre Crítica (al insistir en que Arthur haga penitencia por su gravísimo pecado) Su odio hacia Morgaine, tanto por haber alejado a Lancelet de su presencia como por haber seducido a Arthur el día en que representó el papel de la Virgen Cazadora en el rito de iniciación del *"High King"*, fluye descontrolado a través de insultos referidos a su religión pagana. Incluso en la ceremonia religiosa, hablando consigo misma, representa el papel de la Niña Adaptada Rebelde, sintiéndose herida, e incluso surge la faceta Adulta de la Niña, reflejada en su malicia al criticar a Elaine por "exhibirse"[238], minimizando su sentimiento de culpabilidad (*"Why do I feel guilty...?"* [239]) y obviamente en su odio contra Morgaine, a la que abiertamente desea que *"She were in hell"*[240]

Muchos años después, Gwenhwyfar aún continuará resentida por el respeto de Arthur hacia Avalon. Su Madre Autoritaria le recriminará esta actitud ya que creía que él había hecho profesión pública de su cualidad de rey cristiano tras su larga penitencia por su servilismo hacia los seres feéricos de aquella isla del mal [241]y repudia los privilegios de Morgause y Morgaine como mujeres, citando al *"Holy Apostle"* que afirmaba que la esposa debía someterse completamente al marido. Esta frustración hace emerger sus pensamientos más íntimos, centrados en su arrepentimiento de hechos pasados, de sentirse víctima de Morgaine. Gwenhwyfar es una Niña Rebelde frente a sí misma y a la ausencia de su amante que hace despertar a la Madre Crítica mientras, no sin fascinación, observa a Morgause, la tía de Arthur, quien, pese a su edad avanzada, lleva gozando de un sinfín de enamorados desde que enviudase, aún joven, de Lot.[242] Una Madre Autoritaria que, al igual que en otras ocasiones, encubre a

---

[235]p.636

[236]p.635

[237]pp.636-7

[238]p.644

[239]*p.* 645

[240]p. 646

[241]p.695

[242]P.700

la Niña Rebelde, frustrada por su esterilidad frente a la maternidad de Morgaine, no sólo madre natural de Mordred sino además maternal madrastra de Uwain [243]

El día de la festividad de Pentecostés, cuando tiene lugar la ordenación de Galahad como caballero, la reina vuelve a actuar como Madre Crítica al recordar con tono de censura "los viejos ritos paganos"[244] .He aquí un punto crucial en nuestro estudio: un rasgo importantísimo para sacar una conclusión con respecto a la personalidad de Gwenhwyfar es esta intransigencia religiosa (que en realidad es una actitud fruto de la fusión de la Madre Autoritaria y la Niña Rebelde con respecto al pasado, que encubren a una Niña Sumisa, fruto de la educación clerical recibida en la infancia). La razón de ello es que esta característica la vincula a Morgaine, quien, en calidad de Suma Sacerdotisa de Avalon, se convierte en feroz defensora, rozando el fanatismo, de lo que representa la herencia de Viviane, la Señora del Lago, con la diferencia de que la ortodoxia –por llamarla así- de Viviane y su sucesora se basaba en el poder heredado de sus antecesoras. Las Madres Autoritarias de éstas enmascaran a Adultas que saben perfectamente lo que quieren: defienden el orden establecido por sus creencias ya que implica un poder detentado por ellas y sus antepasadas en un mundo fundamentalmente matriarcal. En el caso de la esposa de Arthur, la iracunda Madre Crítica encubre, como ya hemos apuntado antes, a una temerosa Niña Adaptada Sumisa, empequeñecida y limitada. Volviendo al episodio del *Whitsunday,* es en ese momento cuando nos da la impresión de que quizás Gwenhwyfar pudiese ser consciente de que, en el fondo, un hilo conductor la une a su cuñada, quien, en el fondo, es una especie de "tanista", una gemela oscura suya , del mismo modo que esa imagen se aplica varias veces y a lo largo de la novela a la relación entre Lancelet y Arthur[245] Esto parece traslucirse en su actitud inusual de Madre Nutricia, atenta, hacia Morgaine durante el desayuno en el que Morgaine descubre que está embarazada de Accolon. La hermana de Arthur inmediatamente lo interpreta así: simplemente se debe a que ella es una de las pocas que quedan de las damas que compartieron su juventud [246]. Esta nueva ternura nostálgica, inesperada y teñida de preocupación por las consecuencias peligrosas de esta preñez a una edad más que avanzada contrasta

---

[243]p.702

[244]pp.784-5

[245] Ver el estudio que hago sobre este tema en *La magia celta según G.A.Bécquer ,Oscar Wilde y la novela artúrica contemporánea*. Padilla editores y libreros:Sevilla,1999 y *La Triple Diosa y el Rey Arturo*. (CreateSpace: 2013)

[246]p.834

dramáticamente con el trágico desenlace de meses después, cuando Morgaine y su amante intentan eliminar, sin conseguirlo, a Arthur con vistas a ocupar el trono y unificar los dos reinos, Avalon y Bretaña. Muerto su amante a manos del Rey, destruida físicamente por un aborto provocado y convertida en traidora oficial, se desliga definitivamente de Avalon, refugiándose en Tintagel y, de paso, en el reino de las tinieblas. Precisamente es necesario que Morgaine, por decirlo así, pase a otra dimensión aparte del mundo de la corte, primero, "bajando a los infiernos " de la depresión , de la que Kevin-Orfeo la hará renacer para después, tomar posesión de su herencia como Señora de Avalon y posteriormente, haciendo que se produzca un renacer espectacular en la psicología de Gwenhwyfar que empieza a tener lugar el día en que se celebra solemnemente la exposición pública del Grial como objeto de veneración perteneciente a la cristiana corte de Arthur. Esa misma mañana Morgaine, junto con la sacerdotisa Raven, ambas de incógnito entre el pueblo llano que contempla la celebración, invoca el poder de la Diosa para que ese objeto sagrado no sufra lo que ella estima que es una profanación. Tiene lugar entonces una experiencia sensorial más allá de lo cotidiano, una transfiguración que invade no sólo el recipiente objeto del mismo sino también a la propia Morgaine y a todo el entorno. A partir de ese día, la actitud de Gwenhwyfar cambia radicalmente [247]. La Niña Sumisa Adaptada cede paso a la verdadera Niña Espontánea, capaz de sentir y emocionarse por sí misma, luminosa, capaz de afrontar el mundo exterior. Su Madre Autoritaria, por otra parte, se transforma en Nutricia, sensible y considerada con personas como Kevin el bardo, a quien, como vimos anteriormente, despreciara cruelmente en el pasado[248]. Especialmente llama la atención el hecho de que la Madre del Adulto surge por primera vez quizás en la vida de Gwenhwyfar, haciéndola actuar de forma más razonable, si bien aún la Madre Crítica se hace sentir alguna vez, cuando charla sobre religión con Nimue, hija de Lancelot, que, ocultando su condición de sacerdotisa de Avalon, acaba de llegar a la corte para ejecutar la venganza de Morgaine sobre Kevin. Más adelante, después del regreso de los caballeros tras la búsqueda infructuosa del Grial, en el comportamiento de Gwenhwyfar parece predominar una especie de Niña Sumisa en la que el sentimiento de culpabilidad se hace sentir aún cuando considera a Mordred, el hijo de Morgaine y Arthur, un castigo impuesto por la providencia a su

---

[247] pp.863 y siguientes

[248] P.900

adulterio con Lancelet [249]. Esa misma niña, en la que se unen la Adaptada Sumisa y la Espontánea, capaz de exteriorizar sus emociones sin ninguna represión, es la que manifiesta sin tapujos a su antiguo amante la nostalgia provocada por su ausencia[250]. Y también la que, unida a la Madre de la Adulta, culpabiliza a Gwenhwyfar por haber apartado a Lancelot de Camelot y destruido su prometedora "carrera"[251], fundamentalmente tras el trágico episodio en el que son sorprendidos juntos por Morgause y sus hijos y que provoca la huida de los amantes, cuya consecuencia más trágica es que Lancelet se vea obligado a herir de muerte a su amigo Agravain. Ese amargo tormento por haber dejado tantas víctimas colaterales de su pasión – incluyendo la ruina de ese sueño grandioso de poder que había sido la Mesa Redonda – une a la Gwenhwyfar concebida a fines del siglo XX con sus antepasadas de los siglos XIV y XV. Y lo que las impulsa, al igual que Brünnhilde cuando el Valhala está condenado al ocaso, a inmolarse junto con todo el mundo al que han pertenecido mediante la renuncia a su impulso vital, su amor por Lancelet y su existencia como reina, recluyéndose en un convento. Una sentencia que, en el caso de la Gwenhwyfar de *the Mists of Avalon*, dicta la Madre Nutricia: su retiro a la vida monacal se hará con vistas a salvaguardar el honor de su esposo y el de su amado. He aquí un matiz diferencial importante con respecto, por ejemplo, a la Guinevere de Malory. Gwenhwyfar opta por proteger a sus hombres, los dos pertenecientes al mundo de los vivos, pensando en salvaguardar su futuro. Es por ello que también se deja traslucir aquí la presencia de la Madre del Adulto, por su sentido práctico. Sin embargo, sus predecesoras medievales recurren a un procedimiento diferente. Su decisión de llevar a cabo ese cambio drástico se hace casi solemnemente, en público, mediante un duelo por todos los caballeros que han perdido la vida –el propio rey incluido – en la guerra civil entre Arthur y Mordred. Es la propia Reina quien se declara culpable, junto a Lancelot, de la tragedia que ha desolado a todo el reino. Una especie de catarsis pública frente a la decisión privada que toma espontáneamente Gwenhwyfar ante Lancelet. Al expresar ante todos su abierta complicidad en la destrucción del mundo de Camelot – un delito de envergadura – la Guinevere medieval está haciendo una

---

[249] Pp.966-7

[250] Pp.966-9

[251] P.992.

especie de confesión pública, cuya penitencia se impone a sí misma, mediante la presencia de la Madre Autoritaria, que prohíbe a su amante no volverla a ver jamás.

LA TRIPLE DIOSA *(María Lourdes Alonso)*

LAS DOS CARAS DE UN MISMO PERSONAJE : LADY RAGNELL (*THE WEDDING OF SIR GAWAIN AND LADY RAGNELL*[252])Y "THE OLD HAG" (*THE WIFE OF BATH'S TALE)*

Si bien Lady Ragnell es un personaje que naciera influido por la *"old hag",* cuya historia nos cuenta la comadre que, procedente de Bath, se dirige en peregrinación hacia la tumba de Thomas Beckett, nos ocuparemos de su historia primeramente, ya que presenta un motivo argumental que apareciera anteriormente en una de las obras claves de la literatura artúrica en lengua inglesa *–Sir Gawain and the Green Knight.* Es decir, el hecho de poner a prueba a quien, hasta el desembarco de Lancelot du Lac en el Camelot británico, había sido el paladín por excelencia en la corte de Arthur: su sobrino Gawain, tal como se refleja tanto en obras como el *Brut* de Wace y Layamond, la *Historia Regum Britanniae* de Geoffrey de Monmouth e incluso las diferentes versiones del *Tristán* o las dos grandes obras de la tradición griálicas, *Li contes del Graal* de Chrètien de Troyes y *Parzival* de Wolfram von Eschenbach. Poner en jaque a Gawain era claramente significativo a la hora de intentar socavar los cimientos del poder de aquel rey de reyes que era Arthur. En SGGK , como el propio caballero verde reconoce, es Morgaine, como es habitual en las obras medievales de esta temática, quien ha tejido el ardid e instrumentalizado a Bercilak y a su esposa para tentar al sobrino del rey. En *The Wedding...,* es el hermano de la protagonista (Sir Gromer Somer) quien chantajea a Arthur, emplazándole a descubrir al cabo de un año "*wate women love best in feld in town*" [253])y Gawain , consecuentemente, ayuda a su tío a recopilar información basada en el atavío, la adulación y la satisfacción sexual[254] , repartidas de forma equitativa (" *somme said one, somme said other")*[255]. Dame Ragnell es escrita como "*as ungoodly a creature/As evere man sawe withoute mesure""*[256]," *so foule a creature withoute mesure"* [257]. Ragnell adopta el papel de Madre Nutricia[258] – a

---

[252]HAHN, T. *Sir Gawain: Eleven Romances and Tales.* Medieval Institute Publications. Kalamazoo (Michigan) :1995
[253]*Ibidem, L.91.*
[254]*Ibidem, ll.199-202*
[255] *Ibidem,l.203*

[256]*Ibidem,* ll.228-9

[257]*Ibidem, l.249*
[258]Ibidem, ll.253-58

través de sus consejos y advertencias :"*I rede"; "I warn*"- y de Madre Crítica al imponer una serie de condiciones a cambio de salvarle la vida a Arthur [259] . Es la Adulta quien finalmente le desvela "*whatever desiren moste of highe and lowe*"[260], lo cual viene descrito entre las líneas 405-39. Es decir, lo que las mujeres más desean es dominar a todo tipo de hombres,especialmente "*of the moste manliest is our desire*"[261], considerando que "*the mastry winne*" es "*oure crafte and ginne*"[262]. "*Crafte and ginne*",relacionados de algún modo con"*witchcraft*".Es el Adulto Padre quien afirma su voluntad(tal como se hace ver en la repetición de "*wolle*"en 573 y 579) de casarse públicamente a fin de que tanto Gawain como Arthur sean consecuentes del pacto que hiciera con el rey ("*For whithe the king such covenaunt made I*"[263]).En el intercambio que tiene con Guinevere ("*Gaynour*")se entrecruzan dos Madres Adultas (la Madre de Gaynour identifica intimidad y discreción con honorabilidad) que, en realidad , encubren a dos Madres Críticas : según la esposa de Arthur, recurrir a una ceremonia que pusiera en entredicho a Gawain sería un signo de descrédito para él, a lo cual responde críticamente la Madre Autoritaria de Ragnell , afirmando que ella también tiene derecho a su honor, cosa que, según ella misma, desea dejar clara con toda humildad ("*This daye my worship wolle I have/I telle without boste*")[264]

Más adelante se hace mención a los rasgos más inquietantes de Dame Ragnell. Como la heroína de Chaucer, su aspecto es repugnante ,"*she was a lothly one*", [265]y en su noche de bodas recurre a su Madre Crítica para exigir el débito conyugal del recién casado Gawain [266].De igual modo, la figura maternal nutricia también está presenta en la opción "generosa" que presenta a Gawain. Le da a elegir entre "....*faire on nightes/And... foule on days..../Or else (....) faire on days/And on nightes on the foulest wife...*" [267], según convenga a su honorabilidad.(Lo cual, en el fondo, encubre la actitud de la Niña Astuta del Adulto). Gawain, pues, afirma, su dignidad al desdeñar su dependencia de la opinión pública, prefiriéndola fea de día y hermosa en la intimidad de su alcoba, lo cual hace que la Adulta de Ragnell admita "*For now I am worshippid*"

---

[259]*Ibidem, ll.279-90.*
[260]*Ibidem*, l.406.
[261]*Ibidem, l.428*
[262] *Ibidem , ll.427 y 430.*
[263]*Ibidem, p.576*
[264]*Ibidem, ll.585-6*
[265] *Ibidem, l.556*
[266]*Ibidem, ll.629-32*
[267]*Ibidem, ll.659-663.*

[268], afirmando, por partida doble , su *"sovereiné"* sobre Gawain. [269]Es decir, demuestra claramente su tesis anterior acerca de aquello que las mujeres ansían con mayor interés, su principal objetivo en la vida. Un motivo ausente de los romances métricos medievales y de ese heredero tardío en prosa que es la magna obra maloriana, en el que las mujeres, fundamentalmente, aparecen ajenas a ese concepto de poder sobre el mundo masculino, lo cual se refleja en la escasez de muestras de discurso correspondientes a la Adulta (excepto en el caso de Morgaine, que Malory nos hace ver como una hechicera que opera en las sombras contra Arthur), predominando en sus voces la Niña Adaptada Rebelde o Sumisa o bien la Madre Autoritaria. Ragnell se mantiene fiel a sus intenciones cuando, finalmente, sólo se compromete, como esposa de Gawain, a *"that woll not wrothe/thee erly ne late"* [270]. A fin de cuentas, Ragnell, como *"the old hag"* , es un personaje feérico, ajena al patrón de dama de la literatura "romántica" medieval– que se ajustaba o bien a la *"damsel-in-distress"* , a la doncella cortejada por un enamorado doliente ante los desplantes de su amada y, en muchos casos, la joven noble complementada por su doncella o dama de compañía, quien ejercía el papel asertivo y adulto frente a la Niña Rebelde de su señora. Como vimos en la Morgaine de Malory, la Adulta aparece con cierta frecuencia vinculada a las heroínas sobrenaturales o relacionadas con la magia: por ejemplo, Lady Triamour (*Sir Launfal)* es un ser feérico que nos deja ver a una Adulta independiente que toma decisiones por sí sola, sabe manejar su astucia mediante el Niño del Adulto a la hora de ejercer presión psicológica sobre su elegido y que, así mismo, es capaz de aparecer como Adulta *Ethos*, a la hora de comprometerse abiertamente. En el fondo, son personajes ajenos a los seres humanos normales y corrientes y, por ende, a la estructura social vigente, a la que no estaban obligadas a someterse.

La "madre" literaria de Ragnell, *"the Old Hag",* uno de los personajes universales chaucerianos, no es una heroína "al uso" ni mucho menos[271]. Tiene, entre otras muchas peculiaridades, la de protagonizar el que posiblemente sea el relato más famoso de una de las obras capitales de la historia de la literatura en lengua inglesa. Como sabemos, se trata de una colección de cuentos que van contándose los peregrinos de camino al sepulcro del santo Beckett, y cuya perspectiva tiene mucho de

---

[268]*Ibidem*, l.687

[269] *Ibidem*, *ll. 697y 701.*

[270] *Ibidem, l.702.*

[271] "The Wife of Bath's Tale" en CHAUCER, G. *The Canterbury Tales.* Penguin Classics (2005)

una mirada tierna y algo irónica al género literario de los romances de los siglos XIII-XIV. Es, pues, de esperar que el microcosmos artúrico sea uno de los temas recurrentes. Pero la perspectiva que Chaucer proyecta es muy diferente: en la historia que cuenta esta comadre procedente de Bath el papel de las mujeres es opuesto a sus predecesoras. Las dos voces femeninas principales que se hacen sentir son la de la *"foul lady"*, protagonista del relato, y la de la propia Reina de Arthur, que, pese a lo escaso de su discurso, juega un papel activo y público que no es visible en otros romances: preside una especie de tribunal o corte de damas que juzga el *"uncortays"* comportamiento de los caballeros, con atribuciones que incluyen la potestad para condenar a muerte. Ello, unido a la excepcionalidad de ese poder que también detenta un personaje femenino cuyo físico – incluso repulsivo – no tiene nada que ver con el molde de heroína, nos hace plantearnos una serie de incógnitas. Por una parte, el motivo de la corte de damas nos retrotrae a la cultura cortesana francesa de siglos antes y la huella literaria que dejara en toda Europa; es más, el mismo personaje central – que alterna una apariencia casi monstruosa con una belleza deslumbrante – nos hace pensar en la *Demoiselle de la Mule* de Chrètien , que a su vez inspirase a Wolfram von Eschenbach para su Mensajera del Grial. Será el poeta que escribiese *"The Wedding of Sir Gawain…."* quien se detenga en la morbosa descripción de Dame Ragnell, introduciendo motivos que clarísimamente nos remiten a esa "Señora de las Bestias" que Eschenbach incluyese entre las mujeres que guían a Parzival a través de su proceso evolutivo. Ese protagonismo femenino…bien pudiera explicarse porque Chaucer – poeta cortesano y hombre de mundo – escribe para un público aristocrático, los nobles de la corte del desventurado Richard II, quien, nacido en Aquitania y sintiéndose más afín al refinamiento cultural francés que a la imagen del rey-soldado, fomentó ese espíritu en su corte. No es de extrañar, pues, que la huella de la floreciente cultura del mediodía francés heredada de siglos atrás se haga sentir en detalles de la obra chauceriana como la personalidad de los personajes femeninos, dotados de iniciativa. Así mismo, no olvidemos que buena parte del público receptor de este autor estaba compuesto por mujeres de la nobleza. No obstante, debemos tener en cuenta el género al que pertenecen sus *Canterbury Tales*, cuyos personajes pertenecen a un universo completamente diferente al mundo cortesano donde se cultivó la cultura inspirada por el *fin' amors*. Alison, una mujer común y corriente de Bath, con varias parejas a sus espaldas, es quien nos transmite esa pequeño relato en el que el mundo del rey Arturo y Camelot cambia radicalmente de perspectiva, sobre todo en relación al papel activo y determinante que desempeñan las mujeres, algo sorprendente si tenemos en cuenta que una obra como *La citè des dames* de Christine de Pizan aún tardaría bastantes decenios en publicarse. No sería extraño que, a través de Alison, Chaucer nos quiera hacer ver cómo a finales del siglo XIV la mujer burguesa – pequeño burguesa, diríamos hoy – difería en gran medida de la aristócrata feudal, en cuanto que gozaba de una mayor iniciativa. Cuán diversa la Guinevere de Chaucer, con una gran ascendencia social, de la trágica figura que se traza en *The Stanzaic Morte Arthure* o la seductora compulsiva de *Sir Launfal*, por poner dos ejemplos. Y, por otra parte, jamás imaginaríamos que en el refinado mundo cortesano una mujer bestial, tanto en el físico como en las maneras, pudiese ejercer tal dominio sobre los protagonistas masculinos.

Esta *"olde wyff"* [272], que es descrita como *"Fouler wight there may no man devyse"* [273] es capaz de adoptar una actitud de Madre Nutricia ante el caballero [274], contrarrestada por la Madre Crítica e imperiosa que lo obliga al compromiso *"Plight me thy truthe heere in my hand"* [275] y que ratifica cuán importante es la *"sovereyneteé"* de la mujer sobre el hombre, ya que , con toda certeza, ni la reina ni ninguna dama de la corte podría negar esto [276] . La revelación de la vieja no nos llega directamente de sus labios (como sí lo hace Ragnell directamente) sino que es el hombre quien la comunica:

"Women desiren to have sovereynetee/As well over her housband as hir love/And for to been in maistrie hym above " [277]

La idea de posesión y dominio se mantiene tanto en la obra de Chaucer como en su descendiente de autor desconocido en el siglo siguiente. Una característica en la línea de la *"shrew"*, la esposa dominante y furibunda que es tan frecuente en el teatro medieval inglés. Y que se materializa especialmente cuando la *"olde wyff"* adopta el papel de Adulta Madre para exigir al *"lusty bacheleer"* lo pactado, aprovechando esa ventajosa solidaridad femenina de la que excepcionalmente goza en ese preciso momento, respaldada por la Reina y las damas de la corte, ante lo cual el Niño

---

[272] CHAUCER, *op.cit.*
[273] *l.999*
[274] ll.1001-4
[275] *ll.1008*
[276] ll.1014-9
[277] *ll.1038-40*

Rebelde del caballero reacciona de manera terminante[278],pero,finalmente, *"constrayned was, he nedes moste wedde"* [279]. Nada que ver con la reacción de Gawain, perfecto caballero y digno sobrino del Rey. Y, del mismo modo, al contrario que en el caso de éste y Ragnell, la ceremonia matrimonial de la *"Old Hag"*se celebra *"prively"*. Una vez *"abbedde"* [280], la Madre Crítica de la flamante esposa se dirige al Niño Rebelde [281] de él, que abomina de ella por ser " *loathly"*,*"so old"* *"comen of so lough a kynde""*[282], rompiendo con los parámetros de las heroínas románticas (belleza, juventud y noble posición). La anciana reclama a su Adulta Madre para convencer al caballero *"that genterye /Is nat annexed to possessioun"* [283](y *"Gentillesse(...) is (not) descended out of old richesse* [284]*")*. Nuestra protagonista reivindica un concepto de *gentillesse* que podríamos calificar de "rupturista": la *"genterye"*no procede de nuestros antepasados sino de Cristo: *"Crist Wole me clayme of hym oure gentillesse/Noto f oure eldres for his old richesse"*[285] . Es algo que no puede legarse como herencia (*"biquethe"*)[286]y se basa en *"vertuous living"* y *"gentil dedes"*[287] . Antepone *"gentillesse"* a *"old richesse"* y *"heigh parage"*, aunque no tiene que excluirse necesariamente. No descarta que la nobleza y la virtud sean hereditarias ya que *"a lordes sone do shame and vileynye/ And that he whole han pris of his gentrye/For he was boren of a gentil haus...."* [288]. Opone sus *"rude ancestres"*[289] a *"heigh noblesse"*. Justifica sus argumentos citando a Seneca y Boecio [290], en los que basa su teoría, consistente en que *"he is gentil that dooth gentil dedis"*, al igual que recurre a Juvenal para reivindicar la dignidad de la pobreza[291] , lo cual defiende en cuanto que es enemiga del ocio (*"a*

---

[278]ll. 1058-60 y 1066-9

[279]l.1071

[280]*ll. 1084 y*1087-97

[281]ll. 1098-1103

[282]ll.1101-2

[283]ll.1146-7

[284]*ll. 1109-10*

[285]ll.1117-8

[286]*l.1121*

[287]ll.1121 y 1115

[288]*ll.1151-3*

[289]l. 1173

[290]l.1168

[291]ll.1193-4

ful bryngere out of bisynesse" [292]), fuente de sagacidad *("A greet ancendere eek of sapiente":[293]*) y un espejo esclarecedor de la amistad [294]. También defiende la autoridad moral adquirida a través de la vejez, de la cual él la "*repreve*"[295], basándose en "*ovetours*"[296] debido al respeto de la nobleza por los viejos[297] y así mismo su propia fealdad , igualando "*filthe and eelde"* [298], lo cual es "*a wardeyns upon chastitee*"[299], así dando a entender que la belleza implica un riesgo seguro de infidelidad [300]

Básicamente, la anciana lleva a cabo su tarea de persuasión a través de una estructura reiterativa: alusión al desprecio de su oponente, defensa de sus principios aludiendo al respaldo de los mismos por las - llamémoslas así - voces autorizadas, tanto a nivel intelectual como social, enumeración de las ventajas de sus defectos y oponiendo su concepto de *gentillesse* al de nobleza defendido por su oponente. Se podría decir, una vez más, que la peregrina de Bath, como narradora procedente de la clase urbana dedicada al comercio, sabe publicitar sagazmente a su personaje ante un público tan escueto como es su nuevo marido. La conclusión de su parlamento es "*Foul and old til I deye"[301]*, combinado con el concepto de una esposa "*trewe,humble.."* [302] frente a "*yong and fair"* y causante de *"repair"[303]*, dando lugar a una encrucijada más drástica que la brindada a Gawain por Ragnell. En este caso, deja claro que la responsabilidad dependerá exclusivamente de la elección del protagonista, puesto que ya está informado sobre la capacidad de ella para cambiar de apariencia, revelando así su potencial mágico ("*...syn I knows youre delit/I shall fulfille youre worldly appetit* [304] Es esa difícil elección que tan sólo dependerá de él lo que hace que el caballero se tome su tiempo antes de decidirse[305], ahora humillado, nada que ver con esa

---

[292] I.1196

[293]*I.*1198

[294]II.1203-4

[295]I.1206.

[296] I.1121

[297] I1210

[298] I.1215

[299]II.1215-6

[300] I. 1214

[301]I.1220

[302]I.1221

[303]II.1223-4

[304]II. 1217-8

[305]II.1228

arrogancia extrema del principio, que le daba "patente de corso" para violar doncellas siempre que lo estimase conveniente. Finalmente, la metamorfosis psíquica se produce:

"My lady and my love, and wyff so deere/I put me in youre wise governance/Chere youreself which may be moost plesance ...." ...." [306]

Del mismo modo, la está honrando, declarándola capaz de elegir lo más honorable para ambos [307].Es decir, la Dama consigue tener esa soberanía característica del deseo femenino, que permite salvar la vida al caballero, y que ella misma ratifica (*"....Have I gete of you maistrie"*, [308]), lo cual supone un trasvase en las relaciones de poder entre ambos. Además, su esposo lo considera razonable. (*"I holde it best"* [309]) Su esposa lo premia, pues, con lo mejor de ambas opciones, *"both fair and good"*[310] pero rindiéndole su propia *"maistrie"* :

"Doth with my lyf and deth right as you lest" [311]

Como, efectivamente, lleva a cabo posteriormente apareciendo la Madre Crítica. Pero es al final cuando la narradora verdaderamente defiende *"what wommen desiren moost"*:

".... And Jhesu Christ us sende/housbandes meke..." [312]

Es decir, esa soberanía, que , en realidad, es una transposición con ojos burgueses de fines del siglo XIV de aquélla otra que gozaba la dama de tres siglos atrás sobre su trovador enamorado. Ser su señora, tener soberanía sobre él   manteniendo esa cuota de poder que le quedaría a las mujeres de aquél remoto que esgrimiera la Diosa Madre de las civilizaciones matriarcales antiguas. No en vano ese mundo al que nos retrotrae Chaucer en su relato es de una atmósfera casi matriarcalista, en que Guinevere (y no Arthur) es quien impone su autoridad rodeada de una corte de damas, (¿una réplica "oficiosa" a la Tabla Redonda?), lo cual nos hace pensar en una especie de mundo paralelo al oficial, reflejado en obras de la literatura artúrica como las de Malory o los autores de TSMA o *The Alliterative Morte d' Arthur*. Lo cual refrenda lo

---

[306] ll.1231-3

[307] ll.1233-5

[308] l.1236

[309] l.1239

[310] l.1241

[311] l.1248

[312] ll.1258-9

que hacíamos notar antes refiriéndonos a la ambigua figura de "t*he loathly lady"* como trasunto tardío de la Kundrie del *Parzival* de Wolfram Von Eschenbach y sus antecesoras, la "d*emosel de la mule"* de Chrètien de Troyes o la Dama Negra del Peredur galés, de aspecto terrorífico pero capaces de transmutarse en mujeres deslumbrantes, como símbolos del paralelismo entre el mundo de la luz y el de las tinieblas característicos de aquel universo cortesano y ligado a la literatura artúrica de los siglos XII y principios del XIII en el que eran las damas y no los caballeros quienes custodiaban el Grial y así mismo quienes guiaban a los héroes a descubrir su identidad.[313] En cierta manera, ese poder femenino y más allá de lo tangible encerrado en la encarnación de la simbiosis bella/bestia es el que detenta la Morgaine de *Sir Gawain and the Green Knight.*

---

[313] Ver mi ensayo *Kundry . La marginación de la soberanía femenina en el* Parsifal *wagneriano.* CreateSpace (2015)

La Mensajera del Grial (María Lourdes Alonso)

LADY BERCILAK : LA CARA LUMINOSA DE LA BESTIA (*SIR GAWAIN AND THE GREEN KNIGHT*)

La temática de esta obra, una de las piedras miliarias de la literatura medieval inglesa, tiene varias peculiaridades que nos llaman la atención, teniendo en cuenta que el llamado *Gawain-poet* , probable autor también de otras obras contenidas en el manuscrito *Cotton Nero* (único vestigio de la publicación de SGGK), podría haber sido contemporáneo de Chaucer, y, al igual que éste, haber escrito para miembros de la corte de Richard II. Ello explica que esta maravilla literaria presente unas características que enlazan con la literatura cortesana del pasado, fundidas con la pervivencia de motivos narrativos procedentes de la tradición céltica (como es el llamado *"beheading game"*, en un contexto de transición entre el mundo humano y el sobrenatural, ya presente en el *Mabinogion* galés, *Perlesvaus(s.*XIII) o *La fiesta de Bricriu (*s.VIII). En esta obra se recupera el sesgo mágico y simbólico del mundo artúrico imaginado por Chretien de Troyes, Robert de Boron o el alemán Wolfram Von Eschenbach y, como en el *Parzival* de éste y la literatura cortesana del Mediodía francés, las heroínas recobran su protagonismo y ejercen como verdaderas agentes de importancia decisiva en el desarrollo de la historia, basada en una estructura temática de decapitación-ritual-emplazamiento-seducción centrada en torno al heredero de figuras legendarias como Cucchulain o Pwyll. Gawain, en realidad, bien pudiera incluirse en esa especie de "élite" heroica por derecho propio, ya que, antes del "fulgurante ascenso" del francés Lancelot, era el héroe artúrico por excelencia, de lo que se hacen eco obras como las diferentes versiones de *Tristán e Isolda,* el P*erceval* de Chrètien de Troyes o el *Parzival* de Wolfram.

La esposa del Caballero Verde, como personaje, es, al igual que su esposo, un instrumento en manos de la intrigante Morgaine, que, fiel a sus características más acusadas a lo largo de la literatura artúrica medieval, opera en un plano secundario – aquí llega a un grado extremo :en la sombra, sin la menor muestra de discurso – contra su hermano Arthur, no ya para exterminarlo físicamente – como ocurre con su equivalente maloriano – sino intentando minar la reputación de su entorno de excelsos caballeros. Y, como ocurre en *The Wedding of Sir Gawain and Dame Ragnell,* el blanco de las intrigas es el sobrino del Rey, un héroe de reputación conocida e incluso mítica a lo largo del medievo, de lo que dan cuenta detalles como su representación iconográfica en el tímpano de la portada de la catedral de Módena y su destacada intervención en obras literarias como todas las relacionadas con la búsqueda del Grial e incluso en las varias versiones del *Tristán*. Como en *The Wedding…* se intenta poner en solfa la honorabilidad del caballero por parte de un ser feérico De igual modo que en Dame Ragnell y la horrenda anciana de Chaucer se alternaban la belleza y la fealdad, Lady Bercilak es la contrapartida seductora de la vieja que la acompaña la primera vez que Gawain la ve:

"Most unlike to look on these ladies were….Hues rich and rubious were arrayed on the one/ Rough wrinkles on the other rutted her cheeks"[314]

Mientras que una luce un amplio escote níveo, la otra, como conviene a una matrona de su época, va completamente cubierta, dejando sólo ver:

"The black brows, /The two eyes, potruding nose and stark lips" [315]

Aparte de un cuerpo rechoncho y fláccido, un ejemplo de *"Loathly lady"* no sólo similar a Dame Hagnell o la protagonista de *The Wife of Bath's Tale,* sino que además nos evoca la espantosa Damisela de la Mula de Chrétien en su *Li Contes del Graal* o la Cundry que Wolfram Von Eschenbach nos presenta en su *Parzival*, ejemplos de extrema fealdad vinculada a una naturaleza sobrenatural o feérica que las capacita para adquirir diferentes identidades, en las que lo horrible y tenebroso coexiste con lo bello y radiante. Se ha especulado con el hecho de que Lady Bercilak fuese, en realidad, un desdoble de Morgaine, lo cual, de ser así, la ubicaría funcionalmente con sus precedentes femeninos de la literatura griálica de inspiración cortesana del último tercio del siglo XII y principios del XIII, heroínas con iniciativa y que detentaban auténtica " *"sovereynetee"*. Es muy curioso que justamente tanto en esta obra como en la de Chaucer o su secuela con Dame Ragnell nos encontremos rasgos de esa narrativa de casi dos siglos atrás, tanto por la influencia de la figura femenina, como por la iconografía de la *"loathly lady"* y la recuperación de Gawain como flor de caballeros. Sin embargo, no nos engañemos: es muy probable que la resplandeciente Lady Bercilak sea , como su marido y a tenor de lo que deducimos en la historia, un medio del que se sirve la astucia oscura de la hermana del rey Arthur. E incluso quizás ésta misma fuera la que diseñara la estrategia a seguir por la dama ya desde el principio cuando, al encontrarse por primera vez a solas con Gawain en su castillo, utiliza una táctica propia del Niño Astuto, haciendo alusión a lo expuesto que se haya

---

[314] STONE, LL.950-54
[315] *Ibidem,* ll. 961-2

el caballero, durmiendo sin ninguna protección y exponiéndose a que cualquiera entre en su lecho:

"How unsafely you sleep that one may slip in here!/Now you are taken in a trice .unless a truce come between us I shall bind you to your bed"
316

A la que responde un Gawain aparentemente identificado con el Niño Adaptado Sumiso, declarando su indefensión ante ella :

"Do with me as you will, that well pleases me/For I surrender speedily and sue for grace…"

"But if lovely lady your leave were forthcoming, and you were pleased to free your prisoner and pray him to rise/ I I would abandon my bed for a better habiliment…"
317

Con la consiguiente respuesta de la Niña del Adulto [318], haciéndole saber que conoce su fama de galanteador y que se encuentran completamente solos, culminando su parlamento con un supuesto acto de entrega, que, al mismo tiempo, es una orden:*"My young body is yours/Do with it what you will /My Strong necessities force /Me to be your servant still"*

El resto de la conversación se desarrolla en la misma línea de antes, en la que la Niña Astuta aduladora predomina [319]en su diálogo con un Niño Sumiso que encubre a un Padre Adulto y que, a su vez, indirectamente advierte a la dama acerca de las consecuencias que puede tener su juego[320] . Vuelve a aparecer insistentemente la Niña Adulta [321] ante quien, aparentemente, se rinde el Niño Sumiso (" *I have become your Knight")*[322]. Más adelante, es la Madre Crítica,e encubriendo a la Niña Astuta, quien censura a Gawaine por no otorgarle ninguna recompensa física, rogándole un beso. En su intento de seducción es Lady Bercilak quien separa dos mundos: aquél de lo material y el de lo cortés. El primero está representado por " *riches in the red gold"*, incapaces de pagar "*the luxury of your delightful discourse" [323]* ni aunque " *All*

---

[316]ll.1209-11

[317] ll.1213-15 y 1217-20
[318]ll.1221-36

[319]1248-58

[320]1263-7

[321]1268-75

[322]1253

[323]1275

the wealth in the World were in my hand" sería bastante para *"Your good looks , gracious manner and great courtesy "* [324].La excelencia de Gawain como cortesano se acentúa cuando la dama recurre al símbolo del recipiente, una imagen tradicionalmente usada para simbolizar lo femenino, por cuanto evoca la matriz de la mujer : Gawain es *"the very vessel of virtue and fine courtesy".*

En el segundo encuentro tentador entre ambos se repite la estrategia: Madre Crítica ("censurando"la falta de correspondencia entre la fama galante de Gawain y la realidad que observa en ese momento[325] y que enmascara a una Pequeña Profesora Seductora . Ante ella un ingenuo y (aparentemente) sumiso Gawain se pone a sus pies (*"I'm at your behest"*) [326], aunque , en realidad, encubre a un Padre Crítico ("No debéis ir más allá de un beso"). Lady Bercilak también utiliza las alusiones a la enseñanza (*"Teach me your true wit's fame"*)[327] (*"You ought to be eager to lay open to a young thing/Your discoveries in the craft of courtly love"*)[328].Esta "iniciación" se requiere también como excusa para tentarlo. Lady Bercilak alude también a una "iluminación", basada en las virtudes del perfecto caballero y amante, según los autores que habían establecido los códigos en estos aspectos (Ramon Llull y Andrè le Chapelain).Es decir, Gawain es:

-*"Hale &hearty...generous"*[329]

-Conocedor de *"the very lore of arms"* [330]

-*"The gentlest and more just of his generation"* *"Everywhere your honour and high fame are known"*[331]

En este momento, la Niña Espontánea enmascara a la Niña Astuta, al alabar sus cualidades con la misma admiración de una joven doncella incauta. Ante ella, con cautela (desde el principio,"he *was on guard in a gracious manner"*)[332] Gawain utiliza una estrategia intermedia entre el Niño Sumiso (*"I am higly beholden to you and ever more shall be/True servant to your bounteous self "*) [333] que confiesa su supuesta "torpeza " y su vulgaridad ante la presencia de ella y su hipotética maestría *"in that*

---

[324]1273

[325]1481-6 y 1489-91; 1495-7

[326]1501

[327]1534
[328]1526-7
[329]1510-1
[330]1513.
[331]1520-1.
[332]1526.
[333]1547-8.

art" [334], y la que en el fondo es una actitud de Padre Crítico al ironizar acerca de su habilidad en la seducción, confrontando *"such a fair one as you"* [335] con su " *so poor a man"* con el cual la dama *"make(s)pastime.... With any kind of clemency"* [336].Tras recompensarle con un beso, no es hasta el tercer intento que el estilo de Lady Bercilak cambia. Su atavío entonces se vuelve más provocativo –(*"Her fine-featured face and hair were unveiled; her breast was bare and her back as well"*)[337] provocando el efecto previsible en Gawain (*"He felt a flush of rapture suffuse his heart"*)[338] y el momento en que *"that peerless princess pressed him so hotly"* [339] *"so invited him to the very verge"* [340]es cuando Gawain se ve en grave peligro de deshonrar a su anfitrión . Al llegar a una situación extrema, caen las mascaras:

- A)Gawain se opone abiertamente a través del Padre del Adulto (*"That shall not happen, for sure".*)[341]

- B)Lady Bercilak reacciona mediante la Niña Rebelde (*"Blame will be yours...."*) (1779-81), la cual se transforma en Niña Espontánea que abiertamente asume su decepción (1792-5) cuando Gawain le confiesa que no está comprometido con ninguna dama:

- *"I owe my oath to none/Nor wish to yet a while"* [342]

C) Es entonces cuando Lady Bercilak comienza a hablar como Adulta al entregarle su ceñidor verde [343] tras haberle ofrecido, sin éxito, un valioso anillo y utiliza cierta ironía al referirse, primero, al ceñidor como *"a less gainful gift"* [344] y que, sin embargo, puede salvarle la vida [345]. Un ceñidor que, simbólicamente, tiene connotaciones eróticas, ya que, a los ojos de Lord Bercilak, podría implicar que, al estar en posesión de Gawain, la esposa habría concedido sus favores al joven caballero. Gawain, sin duda, salvará su vida, pero a cambio de faltar a una de las principales virtudes caballerescas: la sinceridad con su anfitrión, al ocultarle que ha obtenido el ceñidor de Lady Bercilak, incumpliendo la promesa hecha a Lord Bercilak

---

[334]1543
[335]1537
[336]1539.
[337]1740-1.
[338]1762.
[339]1770.
[340]1771.
[341] 1776.
[342]1790-1.
[343] 1870 en adelante.
[344] 1829.
[345] 1848-54.

de hacerle saber si su esposa había sido generosa con él durante su ausencia. Es al final cuando Bercilak le revela la verdadera historia que hasta entonces había permanecido velada por ésta otra que hemos venido siguiendo.:

"She (Morgaine) sent me forth in this form to your famous hall/To put to the proof the great pride of the house/The reputation for high renown of the Round Table/She bewitched me in this weird way to bewilder your wits /And to grieve Guinevere and goad her to death" [346]

En otras palabras, los tres protagonistas en la trama no son más que instrumentos en manos de la hermana de Arthur para destruir los activos más preciados del Rey: su sobrino y glorioso paladín y su esposa. Bercilak, de paso, desvela su identidad y la de la urdidora :

'*Bertilak de Hauldesert I hat in þis londe. /Þurȝ myȝt of Morgne la Faye, þat in my hous lenges,/ And koyntyse of clergye, bi craftes wel lerned,/Þe maystrés of Merlyn mony hatz taken--/For ho hatz dalt drwry ful dere sumtyme/With þat conable klerk, þat knowes alle your knyȝtez/ at hame;/Morgne þe goddes/ Þerfore hit is hir name:*"[347]

Es decir, Bercilak nos revela una personalidad múltiple: no sólo es experta en magia, *"koyntyse of clergye, bi craftes wel lerned* ", bagaje que acumuló tras ser amante de Merlín durante largos años, sino que, por primera y quizás única vez en toda la historia de la literatura artúrica, la está identificando con una diosa, posiblemente con una reencarnación de la Morrigu galesa, la que representaba la faceta divina correspondiente al reino de las tinieblas, el conocimiento oculto y la muerte, y cuyo recuerdo bien podría sobrevivir en el mundo rural de la Inglaterra medieval. Y no descartemos que podría encarnar esa *sovereynetee* reivindicada por Alison, la comadre de Bath, Dame Ragnell y esa esfera alternativa regida por la reina Gaynour.

---

[346] 2456-60.
[347] Ver TOLKIEN ,*op.cit.*

ÓNDICE

1) ¿Por qué la elección de una aproximación transaccional?.................... 3

2) Morgaine: una sombra a lo largo del Medievo................................... 8

3) Morgaine y la contemporaneidad. La heredera de la heroína en la penumbra en tHe oNce aNd FutuRe KiNg (T. White) y LOS HecHOS de LOS caBaLLeROS deL ReY ARtuRo (John Steinbeck)...................11

4) La conquista de una identidad. Morgaine en THe MiStS OF AVaLoN (M.Z.BradLeY)...14

5) Guinevere: la Adulta frustrada.. 29

6) Las dos caras del mismo personaje. Dame Ragnell (THe WeddiNg OF Sir GaWaiN aNd DaMe RagNeLL) y The OLd Hag (THe WiFe OF BatH'S TaLe)................................... 58

7) Lady Bercilak: la cara luminosa de la Bestia (Sir GaWaiN aNd tHe GreeN KNight)...69